Michael

SUA ALMA GÊMEA ESTÁ CHAMANDO

Ela procura por você —
Espera por você —
Deseja você.

Tradução
CARLOS A. L. SALUM
ANA LUCIA FRANCO

EDITORA PENSAMENTO
São Paulo

Título do original:
Your Soulmate is Calling
He or She Looks For —
Waits For —
Wants You

Edição	Ano
1-2-3-4-5-6-7-8-9	98-99-00

Impressão e acabamento: Paulus Gráfica

SUMÁRIO

INTRODUÇÃO

Escrever *Sua Alma Gêmea Está Chamando* satisfez meu desejo de oferecer a você o conhecimento necessário para compreender, evocar e sentir essa fantástica, maravilhosa, magnética fusão de almas — *duas almas como se fossem uma só!*

Saiba como e por que o amor, o romance e as almas gêmeas surgem em nossa vida, pois só assim você conseguirá ter sucesso no campo amoroso. Esse sucesso, no entanto, depende também da sua capacidade de atrair essa pessoa especial para o campo *físico* da sua realidade. Com esse conhecimento, você perceberá que a sua mente passa do universo elétrico para o magnético.

A realidade é muito diferente do que se imagina. A mente e o corpo dispõem de todo o conhecimento necessário para a realização de seus sonhos mais loucos. Ao compreender o simples "porquê" e "como" do mecanismo de atração e repulsa da mente, você começará a se beneficiar do autoconhecimento, da auto-realização e do autodomínio, muito além de tudo o que você já imaginou.

O universo inteiro funciona a partir de dois princípios ativos: reflexão e absorção. Na condição de ser universal e terreno, você reflete ou absorve tudo o que encontra na vida, pois a predominância é ora de um princípio, ora de outro. Somos ondas, partículas e espelhos vivos uns dos outros!

Com raras exceções, nós apenas refletimos o conhecimento que nos é oferecido e as experiências pelas quais passamos. Depois de ler um livro, afirmamos que "o autor disse", como se aquelas informações pertencessem exclusivamente a ele, em vez de absorver a nova informação e integrá-la em nosso próprio ser. Nós simplesmente refletimos essa informação para os outros como se ela fosse propriedade do autor, sabedoria do palestrante ou conhecimento do professor.

Quando digo "*Phillip* diz", ainda não "tomei posse" do conhecimento. Estou, simplesmente, refletindo o conhecimento de Phillip, que não é meu! Para ter o conhecimento, de modo que não seja mais necessário dar o crédito aos outros, basta absorvê-lo. Assim, ao mencionar uma verdade recém-descoberta, não será necessário dar os créditos a outra pessoa, pois agora a luz desse conhecimento irradia de você!

Peço a todos os leitores que absorvam o conhecimento apresentado neste volume, em vez de simplesmente refleti-lo. Não haverá necessidade de dizer: "Michael disse." Basta usar a informação que recebeu como se fosse algo do seu conhecimento — parte da sua valiosa sabedoria.

O hábito de absorver em vez de refletir alimenta o espírito. No centro divino do ser espiritual você é uma "entidade de luz"! As entidades de luz não refletem — elas absorvem. Então, quanto mais experiências você absorver conscientemente, maior será seu campo de luz e sua radiância inata, acrescentando-se o fato de que todas as experiências passarão a ser esclarecedoras.

Para se absorver alguma coisa é preciso atenção total, além de uma abertura ou vulnerabilidade que poucas pessoas conseguem demonstrar sem uma prática constante e consciente. O ego é, em geral, forte e defensivo. Ele ergue barreiras contra os outros e contra a invasão de novas "verdades".

Além disso, a maior gentileza que você pode fazer a outra pessoa é abrir-se para ela, pois essa abertura sincera é como um abraço caloroso. Por outro lado, fechar-se é o maior dos insultos.

Mas nem por isso é preciso transformar a mente numa lixeira, que recebe todo o lixo podre e malcheiroso que encontramos pela vida. É preciso contemplar e refletir tudo o que surge no nosso caminho, mas a escolha daquilo que você vai considerar como verdade — que você vai absorver — continuará sendo sua! Reflita sobre a verdade apresentada aqui — a minha verdade — pois, assim, você poderá absorver um panorama mais amplo do significado de verdade. A verdade reflete sempre a realidade!

Meu lema é: "Amo o que faço — e faço o que amo!" Isso faz com que cada precioso momento de minha vida na forma humana seja espiritualmente satisfatório, aberto e feliz! Que você também encontre o seu verdadeiro eu e a sua alma gêmea!

Russ Michael
509 Piney Branch Drive # 202
Virginia Beach, VA 23451

CAPÍTULO 1

Sua Alma Gêmea Está Chamando

Bem lá no fundo, todos nós sabemos que em algum lugar, neste exato momento, alguém especial espera e chama por nós. *Sua alma gêmea está chamando*. Esteja onde estiver, sua alma gêmea, apreensiva, está enviando uma mensagem. Na essência, essa mensagem diz: "Onde está você?", "Estou esperando por você", "Eu quero você!"

Este gigantesco universo elétrico foi criado para ser uma rede complexa de informações num mar de energia em movimento. Os cientistas estão começando a perceber que o universo inteiro, conhecido e desconhecido, é um colossal holograma. A grande imagem da realidade corresponde à pequena imagem da realidade. Quando um holograma é fragmentado, cada fragmento, ao ser iluminado ("iluminação", aqui, como sinônimo de consciência), será uma imagem idêntica à "realidade" ou à figura que aparece no holograma original. Essa é a principal característica dos hologramas. Talvez seja por isso que os *pandits,* sábios do Extremo Oriente, criaram a frase: "Assim como é em cima, assim é embaixo." Se preferir, há uma versão mais conhecida da mesma idéia, ensinada pelas principais religiões: o HOMEM é feito à imagem e semelhança de DEUS! Deus é luz; portanto, o homem é luz! Deus é amor; portanto, o homem é amor! Deus é onipotente ou todo-poderoso; portanto, o homem é onipotente! Deus é onipresente; portanto, o homem é onipresente!

Se aceitamos sem restrições o fato comprovado de que o universo é semelhante a um holograma, então os atributos divinos são inatos ao homem. Jesus, uma das pessoas mais iluminadas que já nasceram entre os homens, disse a seus discípulos: "Não sabeis que sois (você ou todos vocês) deuses?"

Ao refletir sobre isso, fica claro que Jesus estava dizendo aos discípulos ingênuos que ele já sabia o que hoje os cientistas sabem: DEUS — O ÚNICO HOLOGRAMA — tem, pela própria natureza da criação, sua réplica exata *em* cada fragmento da existência cósmica! Deus está bem no centro de cada um de nós: de você, de mim e de nossas almas gêmeas. Isso explica claramente como o deus que há em você — a sua alma — está em contato, no nível cósmico ou terreno, com o deus — ou alma — de sua alma gêmea. Você e ela estão unidos no nível interior da alma — e é exatamente por isso que vocês são almas gêmeas!

Algumas das razões que fazem com que vocês sejam agora almas gêmeas, durante a presente etapa da jornada da vida, serão mencionadas posteriormente neste livro; mas há um ponto que deve ser logo ressaltado: sua alma gêmea está transmitindo mensagens claras a você. Ela o está chamando, como o lobo solitário de "*O Apelo da Selva*".

Talvez você ainda não conheça os mecanismos que levam

os parceiros de cada espécie a se unirem. Temos ainda impulsos instintivos remotos que interferem no "caldo" químico e elétrico de nosso ser, guiando-nos conforme os desejos instintivos de nos unir a alguém do sexo oposto (ou do mesmo sexo). Isso é pura química e os mecanismos envolvidos nesse processo serão tratados em detalhe quando falarmos das ligações biológicas. Por ora, basta dizer que, apesar de termos aparentemente corpos animais, somos muito mais do que animais. Somos almas humanas conscientes, em corpo de homem ou de mulher. Os animais se identificam com seus corpos. Os seres humanos podem e devem se identificar tanto com o corpo quanto com a alma. Os seres humanos mais evoluídos aprenderam a se identificar com a alma. Quem tem alma tem também caráter e responsabilidade por si mesmo; mas quem não tem alma não tem caráter e não assume o controle da própria vida ou a responsabilidade por si mesmo.

Antes do despertar para a alma interior, os impulsos sexuais partem apenas do nível físico ou animal; mas, quando o eu interior eterno, ou a alma, desperta, você não mais se satisfaz com relacionamentos puramente físicos. Algo lá no fundo não o deixa esquecer que, basta você chamar sua alma gêmea, e ela logo ouvirá ou sentirá o chamado. E, ao mesmo tempo, *sua alma gêmea estará chamando você!*

A maravilhosa união de almas gêmeas não pode ser descrita em palavras. É como tentar descrever DEUS depois de uma visão ou experiência mística. Essa descrição não pode ser feita nem ouvida por lábios ou ouvidos humanos. O tato, o paladar, a visão, o olfato e a audição de Deus estão muito além do alcance da expressão humana. É como tentar derramar o oceano numa garrafa.

Como você está lendo este livro, presumo que pelo menos esteja um pouco interessado em se juntar à sua alma gêmea. Assim, aqui você encontrará técnicas comprovadas de como ouvir e reagir ao chamado da alma gêmea, de como reforçar ou apressar sua ligação com ela na realidade tridimensional. Esteja certo de que parte de mim seguirá com você nesta viagem pela consciência, pois percorreremos estas páginas juntos.

CAPÍTULO 2

Sua Alma Gêmea Procura Você – Espera Você – Deseja Você

Agora você já tem base para compreender que vivemos num universo puramente elétrico. Através de você, de mim ou de nossas almas gêmeas flui a mesma eletricidade. A mesma imagem holográfica, a mesma marca ou os mesmos dados cósmicos, gravados na menor das partículas atômicas ou no maior dos sóis, estão gravados para sempre em você — e em tudo. O que você foi no passado torna-se parte de todas as outras pessoas, e o que os outros foram no passado torna-se parte de você. Ninguém escapa da magnífica teia da informação universal. Todos nós temos o poder inato da escolha: acrescentar ou tirar, transmitir ou receber. Vivemos num cosmos gigantesco, generoso, amoroso e conscientemente vivo, em constante processo de desequilíbrio e reequilíbrio!

O aspecto elétrico de nosso universo multidimensional só funciona quando as ações de dar e receber fazem tudo voltar à estaca zero, ao equilíbrio. Isso significa que a justiça absoluta governa cada ação, cada reação, em qualquer lugar do universo. Todos os pensamentos, ações ou sentimentos têm seus opostos, o que permite que tudo retorne ao equilíbrio. Sir Isaac Newton formulou esse princípio constante e universal como uma Lei da Natureza, passível de observação, registro e comprovação. Naquela época, ele não sabia, como sabem hoje os nossos físicos, que nossos pensamentos e sentimentos têm peso e massa como qualquer outro objeto físico.

Como observa o dr. Deepak Chopra nas suas dissertações científicas, a mente é corpo e o corpo é mente. Não podemos separá-los, por mais que tentemos. Os pensamentos criam ações e as ações — ou não-ações — criam uma réplica exata, chamada corpo físico! Nós somos o que pensamos.

Assim, sua alma gêmea, que procura e espera por você, também é o que ela pensa! Na Terra, o único vínculo entre vocês é a mente; mas, como já foi comprovado, na Ciência da Vida, a mente é o corpo — e isso, naturalmente, vale também para você e para sua alma gêmea —, portanto os corpos de vocês já estão inextrincavelmente ligados!

A presença real de sua alma gêmea está obscurecida ou oculta pelo espaço-tempo; mas nossos físicos mais brilhantes afirmam que não podemos separar ou dividir espaço-tempo. Assim como a mente e o corpo, o espaço e o tempo estão unidos para sempre. Um é também o outro!

Existe, no espaço-tempo, uma separação aparente entre você e sua alma gêmea; mas, quando se formarem as coordenadas corretas de espaço-tempo, vocês se unirão felizes num abraço caloroso. Assim, de uma perspectiva multidimensional, pode-se dizer que tudo é só uma questão de tempo. Se um de vocês, ou de preferência os dois, mantiver uma concentração mental inabalável e um forte sentimento de que acabarão se juntando no mundo físico, essa união logo será uma realidade tridimensional para os dois. Em espírito, os iguais se atraem!

Sabendo que sua alma gêmea o quer tanto quanto você a ela, você terá mais disposição para manter essa concentração inabalável. Para sua alma gêmea, a luta para encontrá-lo é tão acirrada e angustiante quanto sua necessidade consciente de se unir a ela!

Segundo a ciência da vida, há entre vocês dois uma razão "ao quadrado" para se encontrarem, pois ela também precisa muito de você. Isso significa que o poder do desejo não é apenas dobrado, mas quadruplicado. Juntos, vocês têm o incrível poder do pensamento e da criatividade de quatro pessoas, e não de duas; mas, como tudo neste universo elétrico tende a se perpetuar, a resistir à mudança, é preciso esforço para alterar as posições de tempo-espaço, de maneira que as coisas se modifiquem. No entanto, o poder de uma única mente ultrapassa qualquer estimativa. Conheço uma mulher que provou cientificamente sua capacidade de desviar raios *laser* com a força do pensamento. A beleza do conhecimento é saber que, se alguém faz uma coisa, os outros também podem fazê-la, por meio da vontade e da prática. É por isso que sempre devemos agradecer quando ficamos sabendo que outro ser humano fez alguma coisa aparentemente impossível. Se ele fez, você também tem o mesmo potencial para realizar aquele feito, aparentemente impossível.

Assim, como inúmeras pessoas encontraram suas almas gêmeas depois de ler meu *best-seller Como encontrar sua alma gêmea*, então é de se supor que você também poderá fazer o mesmo! Saiba que você não está sozinho nesta aventura emocionante. Para você, sua alma gêmea é um espelho. Assim como você, ela se ressente profundamente dessa separação física e deseja a abençoada união. Se está imaginando como seria bom estar agora com sua alma gêmea, então é provável que ela, no mesmo nível de pensamento, sentimento e ação, esteja pensando em como seria bom estar com você!

Nos círculos esotéricos e dos estudiosos da mente, sabe-se que aquilo que merece nossa concentração constante será nossa realidade futura. Por exemplo, se você se concentra diariamente nas coisas ruins que lhe aconteceram, pensamentos e ações de natureza semelhante preencherão o espaço-tempo chamado *amanhã*. Amanhã, o passado se repetirá, e será outro dia ruim. Mas, no outro extremo do espectro de atitudes, aquele que preenche o dia com pensamentos ou planos bons para o futuro terá um amanhã agradável. Colhemos o que plantamos mental e emocionalmente, assim como colhemos os frutos das sementes que plantamos na terra. Sementes são sementes, qualquer que seja o "meio de crescimento" usado. Sementes são projetos!

Se você juntar as suas sementes de desejo de união às sementes de desejo da sua alma gêmea, a natureza captará a mensagem e acabará materializando a cópia exata desses doces desejos combinados. Seu desejo de encontrá-la vai se combinar harmoniosamente com o desejo dela. Ponha em prática os princípios da natureza e as técnicas de materialização que aprender neste livro. Persista nessa prática e logo chegará o dia maravilhoso em que poderá tocar, ouvir, cheirar e saborear mentalmente a união física com sua alma gêmea. Que dia!

CAPÍTULO 3

O Que é Alma Gêmea

As almas gêmeas existem? Sim, elas realmente existem! Existem almas gêmeas de todas as cores, formas, tamanhos e vibrações energéticas. A alma gêmea é ainda mais emocionante e romântica do que os nossos sonhos mais loucos! Um relacionamento de almas gêmeas é muito mais gratificante, para o corpo e para a alma, do que qualquer materialização de nossas fantasias. Sei disso, pois tive o privilégio e a felicidade de passar por essas duas experiências. Eu me emociono, a cada dia e a cada noite, por estar vivendo um divino casamento de almas gêmeas!

Há mais de um tipo de alma gêmea? Sim! Vamos analisar três tipos principais.

ALMAS GÊMEAS BIOLÓGICAS

O tipo de relacionamento que predomina entre as almas gêmeas é o biológico. Nossos vinte bilhões de ancestrais, ainda vivos em nossos genes e no DNA, passaram por inúmeros casamentos e romances entre almas gêmeas. Cada célula de nosso corpo tem, no DNA, o registro de todos aqueles maravilhosos casos de amor entre homens e mulheres, inclusive dos casos de amor homossexual e bissexual.

Se entre seus ancestrais dominantes, das últimas sete gerações, vários tiveram ótimos casamentos ou relacionamentos com almas gêmeas, é grande a possibilidade de você ter um relacionamento assim na vida atual. Aqueles dramas românticos do passado, cheios de felicidade e doçura, que uniram a vida dos seus ancestrais, estão registrados e memorizados em cada célula de seu corpo físico! Nesse caso, o desejo de encontrar uma alma gêmea de vibrações compatíveis é fortemente estimulado e reforçado. Esse desejo magnético gera uma forte carga elétrica em seu corpo, que começará imediatamente a transmitir seu desejo de que sua alma gêmea apareça à sua frente.

Suas preferências quanto aos aspectos e atributos da personalidade de sua alma gêmea vêm quase que inteiramente da química do corpo. Essas preferências e aversões acentuadas, agora despertas, estão se formando desde a época dos ancestrais. Como são traços biológicos, quem está no comando é o corpo e não a mente.

Às vezes, sentimos uma forte repulsa ou atração por alguém que acabamos de conhecer. Isso depende de essa pessoa estar em sincronia ou não, lá no âmago das suas células, com nossos ancestrais, que reagem conscientemente ao sentir o cumprimento de ondas do nosso novo conhecido. Captamos as mensagens deles e, inocentemente, as registramos como nossas: como pensamentos, sentimentos e reações provocados pela pessoa. Não há nada de errado nisso! É assim que a natureza age através do nosso maravilhoso corpo humano. "Todos em um" e "um em todos" — assim são as ligações biológicas no corpo — ou unidade — físico e espiritual. Basta despertar para o que está acontecendo.

Quem toma consciência disso e decide ser o "capitão do próprio navio", pode libertar sua identidade de quase todas essas imagens, programas ou rostos passados ou futuros. Quando souber verdadeiramente quem e o que você é, como Deus interior, e começar a viver totalmente no momento presente, não mais precisará validar seu senso de continuidade ou de identidade por meio de imagens passadas. A entidade de luz espiritual, ou seja, você, é eterna e imutável.

Enquanto isso, use o arquivo de seu corpo, sábio e precioso, para encontrar sua alma gêmea! O corpo humano é muito mais do que qualquer biblioteca construída por mãos humanas, pois todos os encontros de almas gêmeas, de bilhões e bilhões de ancestrais, estão meticulosamente registrados nele. Você só precisa percorrer conscientemente o seu ser e sentir o que quer experimentar de novo! Em vez de consultar livros, percorra o plano terreno para descobrir a alma gêmea que você deseja. O universo vai se reorganizar para engendrar a imagem que você faz da realidade! Assim, escolha o melhor cenário possível para um amor profundo e duradouro entre você e sua alma gêmea biológica. Vá em frente!

ALMAS GÊMEAS NO PLANO DA ALMA

Outro tipo comum de relação entre almas gêmeas ocorre entre duas pessoas que transcenderam o ego e a personalidade, e encontraram um vínculo psíquico no nível interior da alma.

A personalidade do ser humano, com sua multidão de egos, governa os estados elétricos, mentais, emocionais e instintivos (físicos).

Do ponto de vista psicológico, uma pessoa que se identifica muito com o seu ego ou personalidade geralmente é negativa, medrosa e insegura. Por outro lado, quem se identifica com a própria alma e a manifesta em seus relacionamentos, é positivo, destemido e seguro! É uma pessoa que não precisa de um ego defensivo.

Vamos considerar esse ponto de outra perspectiva. A personalidade é o aspecto elétrico ou *exteriorizado*. Ela tem forma e está sempre ocupada, deslocando matéria no espaço. A alma é o aspecto magnético, central e interior. O eu anímico não tem forma e está sempre ocupado, mantendo-nos na forma humana. Trata-se da ligação direta com o espírito, com a entidade de luz que você é.

A alma, ao contrário da personalidade e do ego, tem uma visão ilimitada da realidade. Assim, a pessoa que é inspirada pela alma age e vive de maneira diferente da pessoa presa às limitações e reações do reflexo biológico.

A atração entre pessoas concentradas no nível da alma ocorre no nível anímico. A força e a duração desse tipo de relacionamento une as almas gêmeas em cinco pontos de contato: (1) alma, (2) personalidade, (3) mente, (4) emoções e (5) instinto (nível da massa física).

Pode-se presumir, num universo elétrico equilibrado, que o contato elétrico varia de intensidade em cada um desses níveis. Duas almas gêmeas podem ser fortemente atraídas no nível físico, mas sentir repulsa no nível mental etc. A intrincada proporção entre atração e repulsa vai variar de nível para nível e de pessoa para pessoa.

Num relacionamento, o contato no nível da alma visa uma união cada vez maior; enquanto, no nível da personalidade, ele visa apenas o domínio sobre o outro. As atitudes inspiradas pela alma sempre têm como objetivo melhorar a situação para restaurar o equilíbrio e a paz, enquanto duas personalidades fortes tendem a medir forças e a erguer defesas para proteger o ego. Os vínculos no nível da alma são fortes e duradouros nesse mesmo nível. As almas gêmeas espirituais são uma história totalmente diferente.

ALMAS GÊMEAS ESPIRITUAIS

Não existe apenas a genética física — existe também uma genética espiritual. Isso significa que também temos vínculos espirituais, famílias espirituais e ancestrais espirituais.

O universo elétrico sempre se desdobra em pares iguais e equilibrados. Você pode chamá-los como quiser, usando qualquer critério de divisão: positivo e negativo, masculino e feminino etc. Isso não importa. Uma rosa é uma rosa é uma rosa! O principal é que, para cada estrela que nasce, nasce também uma contra-estrela oposta (o par espiritual). Assim, você não está sozinho. Nada, neste universo elétrico, pode existir, em forma humana ou espiritual, sem primeiro se adaptar ao seu contraponto exato. Do ponto de vista cósmico, se uma alma gêmea "sai", outra alma gêmea entra.

Quando você emergiu do universo magnético, do "nada", para se tornar alguma coisa, sua centelha de vida imediatamente se dividiu em opostos exatos. Esse outro aspecto, feminino ou masculino, dependendo da forma que você escolheu para encarnar, dificilmente vai se materializar em forma humana. Ele é, simplesmente, seu equilíbrio — no lado magnético da realidade. Ele vai absorvê-lo e refleti-lo, como um espelho perfeito.

É muito pouco provável que você e sua verdadeira metade espiritual se encontrem no nível físico. Porém, no Capítulo 33, diremos como você pode unir espiritualmente sua luz à luz de quem você ama na Terra — contanto que vocês estejam preparados para se fundir numa só luz brilhante. Muitas almas não estão preparadas para isso porque elas têm a impressão de que essa união fará o seu "eu" diminuir. Na verdade, trata-se de uma grande inclusão ou expansão do eu.

CAPÍTULO 4

Onde Encontrar Sua Alma Gêmea

A maioria das pessoas que conheço procura sua alma gêmea por toda parte — literalmente. Algumas percorrem os bares, as danceterias e estão presentes em todos os tipos de acontecimentos sociais para encontrar o ilusório príncipe! Algumas vão a museus ou a palestras tediosas esperando que, talvez, o príncipe esteja lá também. Outras freqüentam reuniões da igreja ou participam de grupos de solteiros, na esperança de que, afinal, encontrem sua alma gêmea, num momento inesquecível de reconhecimento mútuo.

São infrutíferas, porém, todas essas andanças até o fim do arco-íris. De vez em quando surge um romance, que logo estará reduzido a cinzas, como todos os outros relacionamentos frustrados do passado. O que à primeira vista parece maravilhoso, de repente se transforma num "presente do inferno" — como disse um dia um convidado de um programa de televisão.

Costumo viajar por todo o país fazendo palestras sobre os emocionantes "mistérios" da vida. Nessas ocasiões, muita gente me pergunta: "Onde vou encontrar minha alma gêmea?" Essa pergunta, nascida do coração, poderia ter resposta mais fácil se a questão fosse *como* encontrar a alma gêmea.

A resposta mais curta e direta a essa pergunta é: antes de mais nada, volte-se para si mesmo! Sair por aí atrás da sua alma gêmea é extremamente frustrante e não leva a lugar nenhum. Além disso, consome muito tempo e muita energia, que seriam mais bem aproveitados na prática do autoaperfeiçoamento e do autodomínio. Não é percorrendo exaustivamente as estradas do mundo tridimensional que você encontrará sua alma gêmea. É preciso primeiramente senti-la e depois atraí-la a seu território físico por meio do contato entre as almas. Você deve, primeiramente, tomar consciência de que deseja sua contrapartida, ou alma gêmea. Só então o desejo de se unir a ela poderá se realizar. As técnicas de atração magnética serão explicadas com mais clareza no próximo capítulo. Por ora, o importante é saber que, sem um desejo bem definido não há a menor possibilidade de surgir uma atração — um campo magnético que faça você e sua alma gêmea se aproximarem. Cada átomo da existência foi precedido pelo desejo. O universo, como o conhecemos, não poderia ter-se materializado se a SUPREMA INTELIGÊNCIA ou DEUS não tivesse criado um projeto no espaço-tempo, incutindo nele o desejo. Surgiu assim uma "massa crítica", de onde o nosso universo "explodiu" para a realidade.

Como somos fragmentos vivos desse quadro universal, temos uma visão física, mental e limitada desse holograma gigante. Agraciados pela criatividade por termos nascido do Criador, podemos também criar, mas só em bases limitadas, pois dependemos apenas dos impulsos do nosso cérebro.

Já será meio caminho andado deixar de lado essa repetição que não leva a lugar nenhum, desse combate corpo a corpo, cérebro a cérebro, ego a ego. A outra metade do caminho será a conscientização de que você merece ter um belo relacionamento com sua alma gêmea. Quando a imagem estiver clara e o desejo forte, sua psique enviará o "chamado".

Para penetrar em si mesmo, é preciso saber que é inútil procurar sua alma gêmea lá fora. Essa busca exterior chega a ser perniciosa para você. Fracassar num relacionamento depois do outro não ensina a criar relacionamentos amorosos bem-sucedidos, mas nos faz acreditar que somos um fracasso em assuntos do coração. E quem precisa de outro fracasso, mesmo que seja só aparente?

O momento mágico chegará quando resolver decidir procurar nas profundezas do seu ser aquilo que, de corpo e alma, buscava no seu "príncipe". A essa altura, você deverá "ver" claramente a pessoa que deseja amar — e que deverá amá-lo com a mesma intensidade. Seu eu interior, ou alma, vai lhe mostrar, sem hesitações, todos os traços e atributos básicos da pessoa que você procura, sua alma gêmea. Daí em diante, estará tudo nas suas mãos, no seu "coração" (ou seja, na sua alma) e na sua mente. Quando a imagem da sua alma gêmea e o desejo de se fundir a ela se tornarem conscientes, quando forem "despertados", você estará fisicamente a caminho do local em que irá encontrá-la.

Como sua alma gêmea é um espelho seu, ela o encontrará onde você estiver, ou você a encontrará onde ela estiver. Isso pode acontecer em meio ao expediente de trabalho ou num momento de lazer, desde que você esteja fazendo aquilo que gosta de fazer.

O encontro com a alma gêmea será, provavelmente, inesperado, num momento em que você nem estiver pensando no assunto; mas, em algum nível, um de vocês dois tomará consciência do encontro, sentindo, talvez, um reconhecimento instantâneo. Se a pessoa é realmente sua alma gêmea mas não se dá conta disso, dê tempo ao tempo. Sua alma tem a eternidade. Forçar as coisas pode atrasar o reconhecimento consciente por parte do outro. Acompanhe suavemente o fluxo das coisas. Se forem realmente almas gêmeas, nada na Terra poderá separá-los, a menos que você opte pela solidão.

Existe um teste definitivo: seu relacionamento é baseado no amor incondicional? Se o caso amoroso for baseado na relação de egos ou personalidades, o "amor" será condicional. Um amor como esse pode se transformar em ódio por causa de banalidades ou pequenas diferenças. Um amor entre almas gêmeas não só permite que você seja quem e o que é, mas insiste que você mostre seu eu verdadeiro. Ela é seu espelho mais perfeito e logo perceberá que você também é seu melhor reflexo. Procure por ela bem no fundo de seu ser. Esse primeiro passo é o mais importante, pois o guiará até ela. Vá em frente!

CAPÍTULO 5

Universo Magnético Versus Universo Elétrico

A maioria de nós imagina que o universo seja feito de massa sólida ou, então, de partículas e grandes espaços vazios. Há muito tempo, porém, os físicos já provaram que a realidade é bem diferente. Da perspectiva química ou atômica e do ponto de vista de nossa vida cotidiana — que se guia pela percepção sensorial e ilusória do "estado sólido" — as coisas à nossa volta parecem ter uma base estável e relativamente permanente; mas, ao contrário, tudo à nossa volta está em mudança constante. Nosso universo muda, o Sol e a Terra mudam, nosso ambiente muda, e até mesmo a pele, os órgãos e os membros de nosso maravilhoso corpo humano estão mudando a cada momento!

Nossos órgãos internos não são idênticos aos órgãos que tínhamos seis meses atrás. As células daquele velho coração ou fígado já se foram, sendo substituídas por "modelos" mais jovens, mais saudáveis, mais atualizados. A sua pele mudou completamente nos últimos trinta dias. Se olhasse por um desses microscópios modernos que aumentam milhares de vezes a imagem de tecidos, átomos e partículas com as menores cargas elétricas visíveis ao homem, você compreenderia o que todos os físicos e biólogos bem-informados sabem: toda "massa" aparente é constituída, quase completamente, de espaço vazio!

É claro que toda essa descrição do universo parte das informações obtidas por meio dos sentidos, nos quais não se pode confiar. Em vez de olhar através desses instrumentos limitados de percepção, vou levá-lo a uma viagem emocionante pela mente, que é universalmente ilimitada! Para isso, basta uma ligeira adaptação mental, que talvez não seja tão ligeira assim para algumas pessoas.

Cientistas mais atualizados já sabem que, na verdade, o vazio, ou "universo zero", é a fonte ilimitada de todas as "coisas" aparentes. O que parece ser nada é, ironicamente, tudo (numa suspensão invisível para os nossos sentidos), ou "antimatéria". A "matéria" que percebemos por meio dos sentidos é apenas um reflexo de luz do verdadeiro plano de "realidade" interior, organizado pela INTELIGÊNCIA SUPREMA, ou DEUS. No Universo Elétrico que conhecemos, a luz é, realmente, a fonte de todas as coisas.

Por outro lado, o vazio aparentemente escuro é o Universo Magnético, a partir do qual o pensamento — seguido de um rastro de luz — se materializa no estado dual ou elétrico, onde você e eu gozamos de nossa aparente existência química, elétrica e atômica.

Da perspectiva do Universo Elétrico — que é a nossa — o Universo Magnético é hiperespaço, ou "campo unificado". Fora dele, todas as ondas de pensamento são transformadas em partículas e depois congeladas para se transformar em massa, por meio da polaridade!

Como "entidades de luz" humanas, vivemos nos dois universos simultaneamente; mas, ao longo dos ciclos de nascimento/vida/morte que se repetem quase *ad infinitum*, nós nos mantemos concentrados — graças aos nossos sentidos — na tridimensionalidade, no estado sólido, no "espetáculo de luz" holográfico da Terra.

No entanto, a mente que parte do Universo Magnético corresponde à "matéria" no nosso Universo Elétrico. Num nível pessoal, não podemos separar realmente o corpo da mente nem a mente do corpo, pois os "dois" são, na verdade, um deus em forma humana!

Assim, nosso foco principal na Terra, este teatro de arena do espetáculo de luz, vem da consciência da alma, no Universo Magnético, ou da nossa consciência física corporal/cerebral, no Universo Elétrico, ou de ambas! Felizmente, a escolha, de forma suprema e divina, é sua!

No nosso estado natural de entidade de luz (em que tudo é um), anterior à "queda" na encarnação, na forma humana, há um estado de consciência unificado e responsável. No entanto, depois que nosso comprimento de onda diminui para se tornar compatível com o feto humano, nossa morada mortal, ou com o corpo humano em desenvolvimento, mudamos temporariamente nosso foco principal para a "realidade" aparentemente material. Permitimos que esse foco temporário, emocional e mental, fique concentrado na consciência física; que está sempre em movimento. Na infância nós nos identificamos totalmente com o corpo. Depois, nossa psique ou alma dominante constrói ou comissiona "egos" defensivos para guardar a preciosa fortaleza de nossa forma humana, sejamos homem ou mulher.

Depois, por meio de experiências religiosas, ou de introvisões místicas, começamos a deslocar a identidade do nosso veículo humano ou tridimensional, identificando-nos finalmente com o nosso eu interior, a alma. Tornamo-nos, então, verdadeiramente hu-manos. Hu significa DEUS e, portanto, humano significa deus-homem!

Quem acompanhou este resumo da criação humana pessoal e universal compreenderá que o relacionamento extasiante entre almas gêmeas só se torna possível depois de a pessoa despertar de si mesma para a identificação com a alma — e não com o corpo! Compreendendo isso, você poderá usar os princípios de atração direta, mente a mente, corpo a corpo, para literalmente atrair sua alma gêmea.

Quando começar a refrear o comportamento animal, biológico ou instintivo — e a se transformar numa pessoa generosa, amorosa e responsável por si mesma (verdadeiramente individualizada), você terá cada vez mais carisma pessoal e poder para influenciar o comportamento dos outros. Nesse processo divino, jogue fora as inúmeras máscaras falsas com as quais você se identificava (visão do cérebro) para que aflore o eu anímico, a verdadeira entidade de luz (visão da mente, ou alma). Nesse ponto, você estará preparado para encontrar sua alma gêmea, pois poderá refletir, como se fosse um espelho, as qualidades humanas que, por meio de uma união de amor com você, ela procura encontrar no interior de si mesma.

CAPÍTULO 6

Como Atrair Sua Alma Gêmea

A concentração mental constante e inabalável, combinada a um profundo desejo que vem do centro do corpo/alma/eu, criará automaticamente à sua volta um campo magnético com grande poder de atração! Quanto mais forte for o desejo, maior o poder atômico que você confere aos mecanismos envolvidos na "materialização" mais rápida do objeto do seu desejo. Nas ocasiões em que eu usei esse poder, minhas fantasias mentais se materializaram *instantaneamente* na forma de pessoas e objetos tridimensionais! Lembre-se da regra: se eu posso fazer determinada coisa, qualquer um pode!

Vamos nos deter um momento para examinar os mecanismos que levam o espaço aparentemente vazio a ficar, de repente, totalmente preenchido de objetos ou até mesmo de tecido vivo.

O DESEJO

Em primeiro lugar, o verdadeiro "poder atômico" das materializações universais vem do desejo. Sem um forte desejo nada se modifica, pois todas as coisas tendem a permanecer rigidamente num determinado *status quo* — resistindo fortemente à mudança. Uma carga elétrica não pode acelerar nem fazer decolar um foguete se produzir um impulso de apenas um quarto da aceleração da gravidade — aceleração G. Seria necessária uma força centenas de vezes maior para vencer a gravidade da Terra. Assim, para aproximar sua alma gêmea de você, no plano físico, é preciso muito desejo, muito poder — poder "D" — para provocar o "deslocamento" no espaço-tempo.

O desejo mais forte que se pode gerar vem do *apex*, ou ponto espiritual de seu eu interior, ou alma. O desejo profundo de materializar a alma gêmea vai colocá-lo no espaço abstrato — num local de "descentração"!

"Descentração" é o exato oposto da força de concentração. Como já foi dito, todas as "coisas" — até mesmo uma aparente abstração como um "acontecimento" no tempo, saíram do nada — do zero, da ausência de forma — para a existência, com a velocidade do pensamento.

Todo movimento, por exemplo, vem do repouso 0! Todos os sons vêm do silêncio 0!

Uma "descentração" deliberada, uma postura calma e estudada de autoconsciência, permite que você reorganize ou crie um novo espaço "exterior" para conter sua iminente criação terrena! Isso é uma microversão de como nosso Criador recria, a cada momento, nosso vasto macrouniverso — a Sua forma física da realidade tridimensional de que compartilhamos.

Nesse processo, você realmente joga fora o que é ultrapassado, desloca toda a realidade universal passada — com seu padrão atual ou estrutura da realidade tridimensional. Conforme as leis ou princípios universais já estabelecidos, relacionados à polaridade, você poderá usar conjuntos moleculares ou celulares, ou um "acontecimento" do espaço-tempo — assim como qualquer massa biológica conhecida ou desconhecida — para "preencher" naturalmente a estrutura que você escolheu! Isso funciona!

É assim que, ao longo dos éons, você criou sua atual realidade humana, ou materialização do eu. Toda a criação de todos os criadores, grande ou pequena, surgiu do hiperespaço, seguindo exatamente o processo descrito, desde o chamado "início" dos tempos.

O tempo não tem, realmente, um começo (ou fim) no nosso Universo Elétrico. O tempo se desenrola de um ponto do hiperespaço, formando ciclos, ou "ritos de passagem" — como a órbita da Terra em volta do Sol — que, erroneamente rotulamos como unidades de tempo: milênios, meses, dias, horas, segundos e, atualmente, microssegundos!

Tempo e espaço são inseparáveis, assim como a mente e o corpo! Você pode acelerar o espaço e tornar o tempo mais lento — ou acelerar o tempo e tornar o espaço mais lento. Compare o desempenho de uma carroça atravessando o país com o de um jato moderno. O espaço é o mesmo, mas a aceleração do movimento no espaço transforma uma difícil viagem de três meses numa confortável viagem de poucas horas!

O ato sereno de "descentrar-se" cria um "hiato" ou abertura no espaço, que o universo pode preencher com a materialização do seu desejo. Nesse caso, de sua alma gêmea!

A DESCENTRAÇÃO

Um dos primeiros passos para chegar a uma boa postura de "descentração" é aquietar o corpo e a mente. Fique numa posição confortável. Procure abrir-se mentalmente para o seu eu interior. Sinta-o. Acalme seus pensamentos. Aproxime-se do centro de seu ser. Procure o espaço mais calmo e suave que houver dentro de você.

Se sentir agitação ou estiver preocupado, procure liberar conscientemente esses fatores de inquietação. Diga a si mesmo que você está entrando em níveis cada vez mais profundos de seu ser, e que todas as formas de vibração indesejáveis devem desaparecer! Ordene! Sinta acontecer! Continue a percorrer as camadas de seu ser interior até ter certeza de que lá tudo está em paz.

Sinta esse calmo vazio ou profundo silêncio no centro do coração e no meio da barriga, no plexo-mente solar. Banhe-se mentalmente nessa paz suave pelo tempo que quiser... Que agradável!

Agora, concentre-se profundamente na forma-pensamento daquilo que você deseja muito e deixe que ela ocupe esse "vão" sereno que você acabou de criar no *vazio*...

Agora, libere imediatamente o desejo e a forma-pensamento!

Não leve "tempo" (para fazer isso) com você, enquanto estiver nesse vazio. O vazio universal que você acabou de criar é um espaço sem tempo, silencioso e imóvel, no interior do seu eu como um todo! Mantenha-o assim!

Pare! Não desperdice tempo, espaço e esforços tentando fazer com que algo aconteça por meio da força de vontade! Se fizer isso, preencherá aquela preciosa lacuna espacial com intensidade! Se isso acontecer, essa intensidade acabará se materializando em sua vida, em algum momento, em algum lugar! Tomará a forma de luta, que é o oposto do que você deseja!

Raciocine: se você preencher esse espaço recentemente criado com a intensidade de seu desejo, não sobrará espaço para sua realização (o acontecimento físico tão desejado: a alma gêmea em carne e osso).

É o ato de abandonar a forma-pensamento que chamo de "cortar o cordão", num de meus livros publicados, *$ucce$$ Formula*. O processo é semelhante ao corte do cordão umbilical, necessário para que o bebê possa "amadurecer" livremente e crescer no mundo físico, usando o próprio impulso interior!

A imagem que você forma, cheia de desejo, é como a primeira forma que surge da união do óvulo feminino com o esperma masculino. A fusão preenche o espaço com padrões de DNA e com uma massa molecular e celular ordenada, tudo o que é necessário para chegar à maturidade total, ao ser humano completo.

Antes de começar esse processo de "descentração", é preciso ter com clareza, na mente e no espírito, a imagem exata e o "tom" de sua alma gêmea. Além disso, a manifestação não pode exceder a clareza do que você deseja manifestar. É por isso que tantos planos e desejos humanos fracassam — eles carecem de clareza, intensidade e persistência. A maioria das pessoas começa a agir sem um plano claro do objetivo desejado. Isso é como seguir a passo lento para Nova York quando o que se deseja realmente é ir para Miami. O conhecimento sempre aumenta o poder.

Pare! Saiba o que quer, defina claramente o que quer — depois siga mentalmente e com segurança na direção do seu objetivo: a atração e a materialização de sua alma gêmea na sua vida!

CAPÍTULO 7

Sexo Não é Tudo

No nível físico, nada tem mais poder de exaltar o corpo humano do que um relacionamento entre almas gêmeas. Cada átomo e célula do corpo vibra de antecipação a cada abraço, a cada carícia, a cada beijo apaixonado, que levam, como numa aventura, a um novo platô.

O coração se expande e começa a bater mais depressa! O sangue flui para os órgãos! Todos os sistemas do corpo pulsam e se aquecem! Que agitação! Que sentimento sublime, sensual, gratificante! Que realização inebriante dos desejos do corpo e da alma!

Além de assegurar a continuidade da espécie humana, a paixão de expressão sexual nos exalta não apenas no nível da massa celular ou biológica, mas também nos níveis espirituais profundos. Ela preenche a nossa necessidade de um relacionamento duradouro e faz com que a nossa massa atômica entre numa freqüência saudável de pura alegria física.

Um relacionamento sexual entre almas gêmeas traz vida nova não apenas para um corpo amortecido — mas também para um espírito amortecido! O corpo se regozija e a alma sente que somos amados por alguém igual a nós — um amor que pode ser retribuído abertamente!

No relacionamento sexual com sua alma gêmea, não esqueça de agradecer ao seu corpo! Sem ele, seria impossível ter um relacionamento sexual. O puro espírito, por si só, não tem um veículo definido, pois não tem peso nem massa. No corpo, o espírito se transforma em alma, capaz de sentir e registrar todas as sensações físicas. Por outro lado, o corpo gosta tanto do sexo e da sensualidade porque é por meio deles que ele confirma sua existência. Sugiro que você cultive um sentimento de amor pelo seu corpo desde já!

É claro que, mesmo entre almas gêmeas, há muitos níveis de envolvimento sexual, da luxúria primitiva ao êxtase espiritual sutil e delicado. Ainda bem que somos todos diferentes!

No "palco do mundo", cada ator escolhe o próprio papel e o nível de relacionamento sexual com o seu par. Numa "representação humana" terrena, todas as dimensões ou planos de envolvimento sexual têm um sentido e um significado. Ninguém, além do eu-deus dentro de você, pode distribuir os papéis e determinar qual o nível de expressão sexual que você precisa!

Quando passei por uma experiência de quase-morte, aos 18 anos, revi todos os meus pensamentos, sentimentos e ações numa fração de segundo. Não havia juiz nenhum além do meu eu-deus, que foi o juiz mais severo que se possa imaginar. Nada, de certo ou errado, escapou a esse escrutínio detalhado. Eu tinha gravados indelevelmente em minha alma todos os meus fracassos e sucessos! Aliás, tenho de confessar que tive muito mais fracassos do que sucessos nos "testes" do eu!

Sexo é pecado? Será que pessoas solteiras, já adultas, podem se relacionar sexualmente? E o que dizer do homossexualismo — homem com homem ou mulher com mulher?

Essas perguntas ensejam um leque muito amplo de reações mutáveis nos padrões mentais, intelectuais e emocionais da maioria das pessoas e grupos.

O sexo deve ser apenas um ato de reprodução física? Ou é um divertimento à disposição de todos os adultos, como qualquer outro jogo ou esporte? Ou será que é realmente algo muito mais amplo e espiritual — uma força divina necessária ao equilíbrio da psique masculina ou feminina, aprisionada agora no corpo humano mortal, denso e pesado?

As almas gêmeas enfrentam essas perguntas como todos os outros seres da Terra. Cada um deve levar as questões de todo dia, inclusive as sexuais, a seu deus interior. No fundo de seu ser vivo e consciente, você sabe exatamente o que está certo e o que está errado! Você pode enganar os outros, mas não é possível enganar a si mesmo!

O sexo é só uma pequena parte do verdadeiro relacionamento entre almas gêmeas — mesmo que pareça uma parte extremamente significativa. As almas gêmeas normalmente sentem atração sexual, mas o sexo logo se transforma numa questão de menor importância, pois as questões espirituais passam a ter prioridade. Todos os grandes mestres espirituais do passado insistem nesse ponto. De que adianta o prazer do corpo se você perder a alma?

Quando o sexo se transforma em obsessão ou vício, a saúde física e o bem-estar espiritual são prejudicados. Depois do primeiro frenesi do reencontro físico, as almas gêmeas logo põem as coisas em ordem. O sexo pode ser, e geralmente é, parte dessa ordem; mas quem já encontrou sua alma gêmea, como eu, vai lhe dizer que esse relacionamento é indescritivelmente sensual. Mesmo assim, analisando bem, o sexo desempenha apenas um pequeno papel, quase minúsculo, na vida das almas gêmeas.

Lembre-se! Vivemos num Universo Elétrico! O sexo é a experiência mais "eletrificante" e maravilhosa que nós, humanos, podemos ter juntos, física, mental, emocional e espiritualmente!

O sexo é também uma força de equilíbrio para o espírito e para o corpo. A necessidade inata de reencontrar o equilíbrio contribui para a maturidade espiritual.

O desenrolar constante desse princípio universal de atração e repulsão permite que o drama da vida humana seja representado na Terra. Depois de criada a polaridade individual como homem ou mulher, aprendemos a lidar com ela. Aprendemos a trabalhar com as fortes atrações e repulsas que nos conferem mais vida ou mais morte! Assim, quando terminarmos a lição desta encarnação terrena, seremos *plenos*, seres espirituais completos. Dessa perspectiva, o sexo é só uma parte!

CAPÍTULO 8

O Que é um Homem

Os homens não são iguais às mulheres, mas também podem ser sedutores! No entanto, a maioria dos homens não tem a beleza e o encanto sutil das mulheres. O homem, voltado para o mundo exterior, é fisicamente ativo durante a maior parte do dia — e gosta de relaxar à noite, terminado o trabalho.

O homem corre, trabalha, luta e sua. Ele exala o cheiro de almíscar, o que atrai sexualmente as mulheres. O homem tem feições mais duras, mais pronunciadas. É áspero, reservado e possessivo com relação à mulher. O homem toma mais do que recebe.

Geralmente, ele valoriza primeiro os seus bens, e o amor pela mulher vem em segundo lugar; mas isso não é tão ruim assim, pois ele considera a sua mulher, ou seu harém, como o seu bem mais precioso. É mais difícil para o homem largar a mulher do que o contrário.

O homem sempre aprendeu, ao longo do tempo, a acreditar na guerra e na própria masculinidade. Ele reprimiu sua sensibilidade e foi levado a ter comportamentos cruéis: pilhar, saquear, assaltar e se apropriar da pilhagem e das mulheres.

Enquanto as mulheres cortejam graciosamente os homens por meio do ambiente, dos perfumes sugestivos, das posturas e roupas atraentes, os homens se gabam, pavoneiam-se e retesam os músculos para cortejar as mulheres pela grosseira exibição de força, poder e dinheiro!

A mulher leva quatorze minutos ou mais para chegar ao grau máximo da paixão, mas o homem leva só um instante. Essa rápida paixão termina com a ejaculação. A capacidade de prolongar a paixão, de conter conscientemente a ejaculação até que a parceira alcance o orgasmo, deve ser aos poucos cultivada pelos homens, principalmente pelos jovens. Infelizmente, uma grande porcentagem de homens não tem o autocontrole necessário para conter a ejaculação até que a parceira tenha alcançado o ponto máximo de paixão, o orgasmo.

Os homens amam de verdade as mulheres e falam delas o tempo inteiro. A conversa é grosseira, devido à falta de sensibilidade que eles normalmente têm. Eles bebem, xingam e batem no peito como gorilas peludos. Cada um tenta ser melhor do que o outro na lista de proezas e de conquistas amorosas, e no tamanho do seu "equipamento".

"Um homem bom é difícil de encontrar", segundo a letra de um antigo *jazz*, mas, a despeito de todos os seus defeitos, o homem ama verdadeiramente a família, em geral esforçando-se para oferecer abrigo, comida e conforto para a mulher e para os filhos.

Um homem bonito sempre atrai olhares de sedução, sutis ou diretos, da maioria das mulheres; mas os homens não se dão conta disso pois, ao contrário das mulheres, não estão acostumados a prestar atenção à linguagem do corpo. As mulheres sempre observaram o corpo dos homens e, de modo competitivo, o de outras mulheres. Assim, muitos homens não percebem o interesse da mulher que tenta despertar sua paixão. Mas eles precisam acordar!

Não é permitido aos homens, numa sociedade predominantemente heterossexual, admirar o corpo de outro homem, pois podem ser tomados por homossexuais. As mulheres, por outro lado, apreciam corpos bonitos, de homens ou mulheres.

Os homens adoram ser cercados de cuidado e as mulheres adoram cuidar do seu homem; mas os homens são legais. Afinal, sou um deles! E você?

Saiba o que você é!

CAPÍTULO 9

O Que é uma Mulher

As mulheres têm inúmeras "diferenças" agradáveis e excitantes que atraem e seduzem homens heterossexuais desavisados. Sei disso, pois já fui atraído, tentado e seduzido inúmeras vezes! E não me queixo!

As diferenças mais óbvias entre o homem, portador do pênis, e a mulher, são: ela tem útero, onde se gera o bebê; seios macios para acariciar e amamentar; uma vagina quente, aberta e lubrificada para a penetração do pênis. Ela tem também um clitóris estrategicamente colocado para uma estimulação máxima durante a relação sexual com um homem (ou com uma mulher)!

A mulher é suave e aberta. Ela tem feições mais delicadas, pescoço e cintura muito menores, e geralmente muito menos força física do que o homem; mas ela compensa esse fato sendo uma âncora de paciência e de força na família!

A mulher em geral tem o corpo e a voz mais harmoniosos. Os comprimentos de onda das mulheres e dos homens são diferentes. Suas glândulas segregam feromônios femininos e outros hormônios que alteram a química do corpo de um homem ao simples toque, ou até à lembrança fugaz de uma mulher.

A psique e o corpo da mulher são bem diferentes da psique e do corpo do homem. Por isso, uma "entidade de luz" feminina que encarne num corpo de homem provoca caos e confusão no desenvolvimento. Ela precisa aprender a controlar o corpo masculino, pois este está acostumado à psique masculina. Acontece a mesma coisa, naturalmente, quando um homem encarna em um corpo feminino.

Homens e mulheres são completamente diferentes. O corpo da mulher é macio e arredondado, para que ela possa ter filhos e amamentá-los. As mulheres são quase sempre menores, com ossos mais frágeis e estrutura óssea pequena.

O foco da mulher é *interno*, e o seu sistema de valores é diferente, muito mais místico do que o do homem. Para ela, o amor vem primeiro e as posses vêm sempre depois. As mulheres dão muito mais do que recebem. São românticas, idealistas e amam a fantasia — especialmente seus sonhos de amor.

A mulher é mais criativa do que o homem e valoriza muito mais a arte, inventando as próprias atividades criativas, como costura, pintura ou passeios românticos com seu amado.

As mulheres são mais compreensivas, mais sensíveis e volúveis do que os homens. Gostam de drama, sendo, por isso, vítimas fáceis de relacionamentos abusivos.

Acima de tudo, se uma mulher conserva a saúde, a juventude e a vitalidade, ela é fisicamente bela e sexualmente atraente para os homens. Quando ela se valoriza e tem beleza interior, o que são conquistas muito difíceis, sua beleza física e espiritual fica evidente a todos!

A mulher tende a ser mais competitiva do que o homem.

Geralmente, tem mais amigos do sexo masculino, apesar de se comunicar muito melhor com outras mulheres.

As mulheres são modestas, fantásticas e certamente adoráveis. Viva todas as mulheres!

Como homem, amo as mulheres. Um mundo sem elas seria inacreditavelmente vazio e sem graça. Minha alma gêmea é uma mulher e tanto! Você é mulher?

Saiba o que você é!

CAPÍTULO 10

A Beleza do Corpo

A maravilhosa forma humana surgiu do nada! A criação da forma humana, do espírito/identidade, é a mais preciosa dádiva do Criador.

O conceito de Deus, assim como o conceito de amor, foi limitado e deturpado de maneira grosseira por um grande número de abordagens religiosas, emocionais ou subjetivas. Quando me refiro ao seu deus — ou ao meu deus — uso letras minúsculas, assim como nos casos em que eu me refiro a você, a mim ou a qualquer outro fragmento humano de Deus na Terra.

Durante éons, todos nós, que encarnamos deuses na Terra, nos alimentamos de pensamento abstrato, enviado até nós pela Fonte Divina. Coube a nós organizar todas essas idéias e pensamentos novos em várias formas e estruturas, que finalmente se transformaram neste nosso universo sólido.

Todos nós, entidades de luz, participamos do processo da criação. Usamos novamente a palavra "criação", pois ela significa materialização final, completa — enquanto o processo criativo prossegue num eterno agora.

Nessas primeiras eras, ou éons, nós, os "deuses", não tínhamos a forma humana, densa e concreta, que temos hoje. Éramos como bolhas, criaturas encapsuladas e isoladas, mas livres — cientes, sensíveis e em contato com todo o espaço.

Só depois da criação das outras formas de vida na Terra é que surgiu a idéia de construir um "veículo" em forma humana, para transportar a nós, espíritos dos deuses. Sim, é verdade: *"a galinha nasceu antes do ovo!"*

Como todos os processos criativos, concebeu-se em primeiro lugar a idéia completa do corpo humano físico. Então, a idéia ainda frágil mas valiosa da forma humana começou a "baixar", em termos de eletricidade, de nível a nível, e finalmente foi "partícula-rizada", ou comprimida, numa única célula seminal de corpo humano.

Essa célula seminal foi semeada no espaço tridimensional do espectro da Terra (como os clones são feitos atualmente, a partir de uma célula). Ali ela cresceu e se desenvolveu até se materializar em um corpo humano, completo, capaz de "abrigar" um deus, como você ou eu, e todos os outros deuses encarnados agora em forma humana.

O eu-deus tem grande apreço pelo corpo, esse bem de caráter pessoal e único, de valor inestimável, pois, ao contrário da alma, do cérebro e do DNA, que têm seus próprios arquivos, a "entidade de luz" pura e de natureza espiritual não tem um veículo para registrar as sensações.

O espírito por si só não pode tocar, sentir nem se relacionar sensorialmente com nenhuma de suas grandes co-criações na Terra: oceanos, peixes, flores, animais, crepúsculos, etc. Não pode caminhar pelos jardins ao sabor da brisa cálida do verão, nem sentir o frio do inverno, nem os diversos grãos e texturas da realidade material. O espírito, em seu estado puro, não tem sentidos capazes de fazer tudo isso! Assim, a criação, de inspiração divina, de nosso magnífico corpo humano ofereceu a solução perfeita para a rica realização de nossos desejos.

Agora, bem abrigados numa forma humana ereta, podemos sentir plenamente o intercâmbio emocional com todas as nossas amadas criações terrenas, das quais a melhor é nossa alma gêmea!

Você precisa perceber e apreciar a grande arte e a beleza delicadamente esculpida do corpo, que não deve sofrer abusos nem ser negligenciado. O corpo é uma criação independente, e, portanto, uma entidade com direitos próprios e com consciência própria. Ele se magoa e sofre a dor de ser rejeitado quando você faz mal uso dele ou o pune desnecessariamente!

Seu corpo humano também sente muito medo e muita dor quando você se distancia dele, perdendo-se em devaneios por muito tempo. Geralmente, não vivemos nele e com ele, no momento presente — que é o tempo em que o corpo físico existe! Ficamos sonhando, em algum lugar do passado ou do futuro, durante a maior parte de nossas horas de sono ou de vigília. Quando fazemos a tolice de viver muito tempo no passado ou no futuro, nosso corpo percebe que nos afastamos de sua presença física e se preocupa!

O corpo é o mais precioso e o mais maravilhoso milagre da criação, que nenhum deus na Terra, ou em qualquer lugar do espaço, poderia possuir! Foi feito para viver para sempre — como seu veículo exclusivo — ao longo de todas as eternidades!

Nossa lição de vida terrena é aprender a amar o corpo até que a freqüência ou comprimento de ondas de nossa pulsação fique idêntico, ou sincronizado, com a nossa vibração espiritual. Amando-o, nós concedemos a ele plena identidade!

Depois dessa fusão, você e seu corpo terão total liberdade para percorrer o universo inteiro, a qualquer momento! O corpo, assim como os pensamentos, poderá atravessar paredes e todos os corpos planetários, conforme sua vontade.

Você então poderá conhecer a si mesmo, como tudo e/ou como nada! Poderá ser qualquer coisa, fazer qualquer coisa e criar qualquer coisa, pois estará em unidade com Deus. A lição no plano da atração e repulsa estará terminada e você poderá construir uma identidade própria, particular e única, ou a identidade de grupo que escolher. Você poderá se tornar a realidade de qualquer coisa, e de tudo, com a velocidade do pensamento. Terá a liberdade sem fronteiras, pois haverá uma fusão entre corpo e espírito que os tornarão completamente ilimitados. É por isso que você deve conhecer sua verdadeira identidade, o eu-deus, e adquirir total domínio sobre o corpo químico e o corpo elétrico!

Cada corpo humano pulsa num ritmo vibratório diferente, totalmente único! Esse ritmo determina o comprimento vibratório das ondas, que também é particular de cada um. Esse comprimento de ondas, por sua vez, é o que nos mantém unidos ao corpo. Se você perdesse a sintonia com essa vibração, seu corpo e sua identidade — agora conhecidos através do corpo — se desintegrariam instantaneamente. Assim, mantenha essa sintonia que aqui se traduz por: "vontade de viver".

Esse ritmo único de vibração faz com que cada um de nós tenha sua própria percepção da velocidade do tempo, que é ligeiramente diferente da de todas as outras pessoas. Cada um olha o tempo da sua própria perspectiva! Um dia pode parecer uma hora para uma pessoa e uma eternidade para outra. Isso vai depender do ritmo vibratório do eu com relação a cada acontecimento do universo ou do espaço-tempo terreno.

Você pode tornar o tempo mais rápido ou mais lento, do ponto de vista pessoal, físico e psicológico. Para isso é preciso saber respirar conscientemente e tornar maior ou menor o comprimento de ondas do corpo. É assim que os iogues ou sábios, depois de dominar o corpo mental, emocional e físico, tornam suas vibrações mais lentas para refrescar o corpo ou mais rápidas para aquecê-lo.

A expansão sempre esfria e a compressão aquece! Um forno de microondas, com pulsações breves e rápidas, é um bom exemplo desse princípio.

Você tem muito a aprender sobre o funcionamento e a beleza do corpo; mas, neste exato momento, cada célula de seu lindo corpo está literalmente repleta de toda a sabedoria das eras. O corpo pode ensinar muita coisa, se você se dispuser a ouvi-lo com carinho. Use-o com sabedoria para encontrar sua alma gêmea! Ela também vai reconhecer a beleza e o amor do seu corpo.

CAPÍTULO 11

Regras Ocultas dos Relacionamentos Amorosos

Cada um de nós tem inúmeros "rostos", originários das principais "correntes de vida", da realidade espiritual "eterna" e da "realidade" física e temporal. Há pelo menos 20 bilhões de "rostos" de ancestrais vivos em nossos genes!

No nível espiritual, somos todos UM, mas cada qual com um rosto. Assim, no nível espiritual, há uma miríade de "rostos" ou "posturas" únicas que pegamos emprestados do vasto banco da diversidade espiritual, da Única Fonte, ou DEUS.

No nível físico, a maioria das ações e reações deriva das diversas atitudes e estilos de vida contidos nos nossos genes ancestrais dominantes. Há bilhões de "nódulos de memória" vivos em cada célula do corpo. Cada um deles tem o registro da vida inteira de cada ancestral. De vez em quando, um deles sai "dos bastidores" para nos dizer exatamente como pensar, como sentir e como agir nas situações da vida. Entre esses ancestrais, todos vivos dentro de nós, os que foram dominantes nas últimas três a sete gerações exercerão uma influência mais forte.

Esses inúmeros comandos ocultos, ou ordens persuasivas, formam várias configurações e estabelecem regras rígidas de comportamento para cada relacionamento que vivemos.

Conseqüentemente, diante de cada pessoa "usamos o rosto apropriado". Temos um rosto ou postura estabelecidos para nossos pais. Ele é diferente do rosto que usamos diante de nossos amigos, diante das pessoas que mais amamos, diante de estranhos, de colegas de trabalho, dos filhos, etc.

Para cada pessoa que encontramos usamos um rosto único e diferente. O surpreendente é que sempre lembramos como e quando usar cada rosto, de acordo com as situações. E ainda falam de máscaras!

Cada nova postura, cada novo rosto, é assumido imediatamente a cada contato. E voltamos a usar o mesmo rosto quando reencontramos nossa mãe, o pai, o irmão, a irmã, o marido, a mulher, o patrão, o empregado, o grande amor, o amigo...

Assim, todas as relações amorosas são baseadas nessas regras ocultas. A maioria das "danças" e posturas corporais e psicológicas usadas por você e pela pessoa amada provém dos ancestrais mais eminentes e marcantes. Esses rostos variam, até certo ponto, de um relacionamento para o outro. Mas a maioria de seus amores duradouros evoca mais ou menos o mesmo rosto em você, pois somos automaticamente, quimicamente e eletricamente atraídos pelo mesmo tipo de pessoa.

Os "amores de uma só noite" provêm de uma configuração diferente; portanto, as regras variam muito. Porém, todos os casos de amor duradouros têm regras ocultas surpreendentemente semelhantes entre si.

Um novo padrão leva apenas três gerações para se formar, enquanto um padrão antigo leva mais ou menos o mesmo tempo para desaparecer! Assim, se três gerações dominantes tiveram um "amor secreto", isso se transforma em padrão genético para você. Talvez, mesmo tendo um companheiro que lhe desperte paixão e desejo, você venha a ter um amor secreto que ponha um pouco de fogo e tempero na vida do ego, exatamente como fez seu avô. *São os seus genes*!

Por outro lado, se vários dos seus ancestrais dominantes se casaram e tiveram uma vida sexual ou amorosa fiel e menos apaixonada, é essa a regra oculta que você vai usar na busca de um relacionamento amoroso.

Como cada um de nós é único e maravilhosamente diferente, é indescritível o número de "regras ocultas" que pode surgir de todas as direções possíveis. Além da química corporal e da escolha espiritual, a consciência social de massa também ajuda a moldar os rostos atuais. Os noticiários e a mídia em geral dão cor à nossa imaginação e pintam novos rostos para nós. A pressão exercida pela concorrência pode fazer surgir um novo rosto dentro de nós. Há um sem-número de motivos que inspiram uma rápida "mudança de roupa" ou de rosto!

Na química do corpo, todos têm regras ocultas tão diferentes que desafiariam qualquer definição de laboratório. Mas, uma vez "inscritas" no DNA e nos genes, são como os Dez Mandamentos: gravadas na pedra. Vivem para sempre, prontas a se manifestar na química do corpo, embora nem sequer tenhamos consciência disso. Há uma grande lacuna entre o que chamamos de consciência e nosso subconsciente profundo.

A essa altura, você já deve ter percebido que aquilo que costumamos chamar de *subconsciente* é, na verdade, a química corporal, agindo conforme a miríade de "nódulos de memória" dos ancestrais. A maioria das regras ocultas dos relacionamentos amorosos, assim como da maioria de todos os relacionamentos terrenos, surge daquela série de regras, que impõem e limitam.

Ao apresentar esse conhecimento, ou essas introvisões da ciência da vida, não tenho a intenção de amedrontá-lo ou desanimá-lo, mas sim de torná-lo consciente dos muitos fatores ou motivações ocultas, que parecem além de nosso controle!

Não esqueça, porém, que *você é mais que o seu corpo*! Você é mais do que os seus ancestrais e muito mais do que a consciência social, *mas só quando você tem consciência disso*! Conhecimento é poder só quando é usado. Assim, pondere, absorva e use todo esse conhecimento maravilhoso para dirigir e comandar sua vida, como a grandiosa e sagrada entidade-deus que você é — agora habitando alegremente uma forma humana. Caso contrário, suas atitudes e suas aparentes "escolhas" serão fruto da massa biológica oculta e da antiga e colossal massa genética.

CAPÍTULO 12

A Necessidade de Romance

Imagine como este mundo seria cinzento e desolado se não existisse amor e romance. Sem romance, tudo seria mecânico, "material" ou factual. Sem romance, a Terra seria habitada por "mortos-vivos", e não por seres humanos!

Em um passeio, enquanto o luar banha a Terra numa noite quente e clara, o romance eleva a alma e faz com que o espírito alcance as estrelas! No entanto, o romance está em qualquer lugar que seu espírito quiser...

De fato, todos os homens e mulheres da Terra precisam de romance. Pense nisso. Banhe-se nessa sensação! O romance provoca arrepios e palpitações no corpo humano.

O corpo desperta e reage com prazer diante da idéia de um romance. Ele sabe que cada órgão, cada célula e cada átomo de sua forma molecular serão elevados a uma freqüência mais alta de felicidade e alegria.

As células e nervos do corpo reagem a cada pequena nuança de estímulo psicológico ou físico. Afinal, cada uma de suas partes depende de estímulos positivos ou negativos.

Suas células riem quando você ri, choram quando você chora, e dançam quando você dança! Suas células ficam alegres quando você fica alegre! Seu corpo goza de boa saúde quando você está saudável.

Quando seu ritmo interior se altera, devido a um romance, suas células partilham de seus sentimentos e se aquecem neles. Elas vibram de antecipação, tanto quanto você, ao menor toque da pessoa amada — com romantismo.

O romance não se compara a nenhum outro estado humano. O estado romântico desloca nosso foco para uma luz diferente, muito mais elevada e acentuada, muito mais pura, física e espiritualmente. O amor é maior quando é imerso numa luz romântica e modificado por ela. Através da aura do romance, o sapo se transforma em príncipe e o monstro disforme se transforma num ser bondoso e atraente. O clima de romance eleva a pessoa amada — pois ela é inspirada a se transformar no Deus que você enxerga nela!

O romance é uma questão de vencer ou vencer, exceto quando nós deliberadamente nos enganamos a respeito de um relacionamento que é prejudicial. Mas, por maior que seja o romantismo, ninguém obriga outro ser humano a "mudar sua maneira de pensar", principalmente quando se trata de uma pessoa reservada e determinada a continuar sendo "o que é" — a identidade insegura que ela projeta.

Em situação normal, porém, o romance acrescenta "magia" a qualquer vida sem graça. Torna o espírito mais ágil e faz com que o corpo, a mente e o espírito partam para aventuras desconhecidas.

Nosso material genético é diferente do material das outras pessoas, no que diz respeito à quantidade e qualidade do romance que trazemos nos genes. Minha vida sempre foi cheia de romance e aventura. Pois esses mesmos genes, propensos à aventura e ao romance, existem dentro de você. Eles só precisam despertar. Desperte-os.

Que o resto de sua vida seja repleto do romance, da aventura e do amor que você tanto busca — de corpo e alma!

CAPÍTULO 13

A Necessidade de Amar e de Ser Amado

Todos nós, quase sem exceção, temos grande necessidade de amor! É como um grande "buraco negro", que nunca fica completamente cheio. Os amores que encontramos vida afora e que momentaneamente nos satisfazem, geralmente nos escapam, deixando-nos mais uma vez com um sentimento de vazio.

Grande parte dessa necessidade de ser amado remonta à "separação original", ao momento em que você e eu fomos "individualizados" em "eus", ou fragmentos de Deus, aparentemente separados. Para nos individualizar, Deus permitiu, *intencionalmente*, que se criasse um "campo de repulsão" que nos separa dele. Assim, gerou-se um hiato, ou um espaço, que separou cada um de nós. Somos feitos à imagem de Deus, mas estamos aparentemente *separados* de Deus.

Esse é o dom da vida individualizada! Com isso, cada um

de nós tornou-se uma identidade aparentemente separada de Deus. Mas sentimos, ao mesmo tempo, a dor profunda da separação aparente, da fragmentação, da ausência de totalidade!

Disso advém a vontade de descobrir o eu "perdido" e de conhecer e expressar o eu "descoberto" (o que nos dá prazer)! Daí também a contínua sensação de sermos *menos* do que o eu e, portanto, incapazes de nos expressarmos totalmente e de forma adequada.

A necessidade de amor dá-se no início do processo evolutivo, no momento em que ocorre a separação. Trata-se, para nós, de uma lembrança inata. Isso só terá realmente solução quando reencontrarmos nossa totalidade divina e quando pararmos de procurar, *fora* de nós mesmos, alguém que nos valorize, que preencha aquele buraco sem fundo na nossa psique.

Será que essa enorme necessidade de amor é biológica ou espiritual? A resposta é: *as duas coisas*! Lá dentro, no nível do Deus Único, nosso espírito conhece e expressa o amor espiritual e incondicional, que está além da compreensão humana! Mas esse estado de plenitude amorosa só chega a nosso eu separado quando ocorre a total realização do deus-eu! Quando as lições da vida humana terminarem, nosso amor no nível do deus-eu estará completo — será absoluto.

Por enquanto, porém, sentimos uma necessidade premente de sermos amados nos níveis biológicos, uma necessidade que vem dos ancestrais, ainda vivos em nossos genes... Essa necessidade biológica de amor é satisfeita durante a união sexual, que nos põe novamente "juntos", em contato com o nosso eu que reconhecemos no outro. Nosso desejo nato de união é então satisfeito fisicamente.

Todos os ancestrais que não se realizaram clamam agora, no seu corpo, por essa realização. Esse clamor tem a forma de "descargas" elétricas e químicas nas células do seu corpo, que encarna os ancestrais carentes de amor. No entanto, essa carência também está registrada conscientemente na sua mente como se fosse a *sua* necessidade de amor. Você precisa se livrar dela!

Isso significa que, enquanto for dominado pela química do corpo, você continuará a registrar e a sentir uma falsa necessidade de amor! Quando você tiver conhecimento da sua verdadeira identidade espiritual, você perceberá automaticamente que está completo. Conhecerá e sentirá todo o amor do universo, o amor de Deus por você! A necessidade de ser amado pelos outros desaparecerá, pois você passará a dar aos outros, sem restrições, o seu amor!

A grande necessidade de ser amado precisa perfazer um giro de 180 graus. Você precisa, antes de mais nada, amar a si mesmo. Quando aprender a amar a si mesmo, ocorrerá um paradoxo maravilhoso: a necessidade de ser amado pelos outros cessará! O mais importante não é ser amado pelos outros, mas *ser amado por si mesmo*!

No momento em que compreender o amor por si mesmo, você se transformará num ímã, atraindo aquele amor de que tanto precisava antes que se concretizasse a transição para o amor por si mesmo.

O amor sempre atrai mais amor. O ódio ou o medo geram mais ódio ou medo. É universal esse movimento que aproxima a polaridade positiva do positivo e a polaridade negativa do negativo. "Pássaros da mesma espécie voam juntos." A mesma Lei da Polaridade universal se aplica a cada fragmento da existência como um todo, em todas as dimensões e estruturas espaço-temporais do mundo.

No entanto, a necessidade de amar deve ser satisfeita até certo ponto para que você possa dar essa mesma medida de amor aos outros. É virtualmente impossível dar a alguém algo que você mesmo não possui!

Assim, o sábio que descobre essa verdade e a torna sua não desperdiçará mais tempo tentando ser amado sem primeiro gerar amor em si mesmo.

Esse amor por si mesmo aumenta com a prática consciente. Você recebe o que dá — não apenas para os outros — mas também para si mesmo. Se você dá a si mesmo condenação e ódio, é isso que receberá dos outros. Dê a si mesmo consideração e amor se quiser recebê-los dos outros.

A pergunta a fazer é: como aprender a aperfeiçoar a arte de amar a si mesmo? Esse conhecimento e essa técnica já são conhecidos! É um conhecimento que vale mais do que todas as riquezas do mundo. Se você o adquirir, ele será seu para sempre, pois, de certa forma, já está profundamente arraigado na sua massa atômica, acompanhando você através das suas vidas. Ele se acumula. É por isso que temos pessoas como Mozart e Einstein!

Todos os grandes seres do passado aprenderam a se amar antes que sua grandeza aflorasse, antes de serem socialmente reconhecidos e apreciados pelo mundo à sua volta.

Às vezes, somos como crianças pequenas, que querem milhares de brinquedos e logo perdem o interesse por todos eles. Como as crianças, deixamos nossos "brinquedos" tomando poeira, ao passo que só um pouquinho de amor-próprio faria a alegria ressoar no nosso ser pelo resto de nossas vidas na forma humana. A maioria das crianças ganha muitas coisas inúteis, que logo não lhe despertam mais o interesse, mas ninguém lhes ensina nem alimenta nelas o amor por si mesmas, que faria com que florescessem, transformando-se em belas almas iluminadas.

Você certamente amará muitas pessoas dignas do seu amor, mas só depois de ter aprendido a amar a si mesmo! Assim, comece já esse aprendizado.

Como ou por que você começa a amar a si mesmo? Quando você se torna digno desse amor! Ninguém, em sã consciência, vai gostar de você ou amá-lo se continuar a projetar vibrações de desamor à sua volta. Os outros o evitarão e talvez até sintam desinteresse e desrespeito por você. A menos, é claro, que partilhem desse mesmo ódio por si mesmos. Como a infelicidade gosta de companhia, eles vão se juntar a você para lamentar e criticar o mundo e os outros. É mais fácil e mais divertido merecer amor!

Para merecer amor, comece a tratar a si mesmo e aos outros com amor. Em vez de acusar e xingar a si mesmo e ao seu vizinho, ou qualquer outra pessoa, olhe bem no fundo de você mesmo e do vizinho que o aborrece, e conscientize-se de que neles existe uma divindade digna de amor!

Você pode começar a ver o seu corpo como um maravilhoso veículo que o transporta e passar a apreciá-lo intensamente. Assim como está aprendendo a reconhecer o deus que existe em você, você pode olhar para o seu amigo ou para o seu vizinho e procurar ver além das suas atitudes, que, até parecem ofensivas, reconhecendo o deus que existe dentro deles.

O amor por si mesmo começa no momento em que você verdadeiramente percebe que é um deus, ou uma deusa, na forma humana! Você então passa a tratar a si mesmo e aos outros com respeito e consideração, pronto para receber todas as honras que um ser humano divino merece. Assim, o amor por si mesmo logo se torna natural. Você já tem uma alma plena de puro amor para oferecer aos que estão à sua volta. Quando o amor por si mesmo nascer dentro de você, será quase impossível retroceder e sentir ódio de si mesmo, do seu corpo ou das pessoas à sua volta. Seu espírito se unirá à sua alma gêmea para ser uma luz brilhante de puro amor num mundo às vezes sombrio, de pouca consciência social. *Brilhe*, meu amigo!

CAPÍTULO 14

Amor Biológico Versus Amor Espiritual

Prepare-se para uma novidade. Quase todos os seres humanos da Terra (e provavelmente você também) acreditam que têm total controle sobre o corpo, os pensamentos, os sentimentos e sobre os acontecimentos da vida. Mas nada poderia estar mais longe da verdade!

A consciência e a percepção humana formam-se por meio de uma série de descargas atômicas e celulares, na medida em que fótons de luz atingem o cérebro e o sistema nervoso. Todos os seres humanos, sem exceção, funcionam graças a essas "descargas" elétricas e químicas. Os pensamentos e sentimentos que você tem como seus originam-se dessa química, formada pelas linhagens cruzadas de mais de 20 bilhões de ancestrais, que vivem agora em seu corpo! Todos esses ancestrais expressam suas antigas identidades vivas através do DNA e dos genes de cada célula de seu corpo. Procure imaginar, por um momento, esse colossal coro de ordens e exigências formado por uma multidão de mais de 20 bilhões, da qual você descende (ou ascende, dependendo do ponto de vista no tempo).

Até você despertar para a sua verdadeira identidade e assumir o comando do seu atual corpo físico (no presente), as transmissões químicas dos ancestrais dominantes continuarão a determinar a forma e a estrutura dos pensamentos e sentimentos, que aparentemente são seus.

O fato é que cada um desses bilhões e bilhões de ancestrais está vivo no DNA e nos genes do seu corpo. Cada um deles exige reconhecimento, insistindo em ser o único a comandar-lhe o corpo e a mente. Esse controle ancestral varia a cada momento e a cada dia, dependendo dos estímulos exteriores que provocaram a reação no ancestral ou grupo de ancestrais dominante.

Geralmente, as sete últimas gerações de ancestrais são dominantes, desencadeando todos os seus pensamentos e sentimentos. Portanto, os pensamentos e sentimentos que parecem ser exclusivamente seus na verdade não são!

Você é apenas uma voz entre mais de 20 bilhões de vozes interiores. Quais são os *seus* pensamentos, os *seus* sentimentos? Com o tempo, você aprenderá, paradoxalmente, a "perder" a sua identidade pessoal, para só então assumir o controle. Você passará a ser o único a governar os pensamentos, sentimentos e ações do seu corpo, com sua preciosa carga de conhecimento ancestral. Cada célula do seu precioso corpo contém o conhecimento do passado. Assim, se nosso universo fosse destruído, uma única célula do seu corpo poderia reconstruí-lo inteiro!

Por isso, as atrações e repulsas, o amor e o ódio que você sente pelas pessoas correspondem a reações ancestrais! Você reage de maneira positiva a alguém se, por exemplo, a vibração dessa pessoa corresponder à lembrança ancestral de uma experiência física agradável, vivida por um ancestral dominante. Seu cérebro registra então um sentimento semelhante com relação a essa pessoa. Esse processo não tem relação com a mente, pois é 100% químico!

No caso de alguém provocar uma reação desagradável, o processo é o mesmo: a reação negativa é provocada também por uma experiência ancestral que foi ativada. A química do corpo gera reações glandulares e metabólicas de atração ou repulsa imediatas diante de cada pessoa.

É por isso que somos arrastados biologicamente para casos amorosos. Todos nós temos amores biológicos em potencial. São pessoas com probabilidades de entrar na nossa vida, que refletem perfeitamente pessoas do passado que viveram paixões passageiras ou casos de amor duradouros com um ou vários de nossos ancestrais dominantes!

O encontro físico com uma dessas pessoas desperta no seu corpo o mesmo tipo de atração biológica! Talvez você inicie, então, um ritual de conquista que vai levar a um amor apaixonado, semelhante ao que foi anteriormente vivido pelo seu ancestral. É claro, você acrescentou um tom único a esse relacionamento, que, apesar de ser uma repetição, é real e emocionante. Esse relacionamento do presente é, por sua vez, meticulosamente gravado no seu DNA e nos seus genes, para ser passado adiante, para seus filhos e para os filhos de seus filhos, ao longo das eras de nossa espécie em evolução. Você pode vir a ser o ancestral dominante que fará um descendente de sorte iniciar uma união feliz com alguém semelhante ao seu atual amor biológico.

É claro que o corpo de cada um de nós é muito diferente de todos os outros. Assim, algumas pessoas vivem um caso de amor depois do outro, um verdadeiro fluxo contínuo, enquanto outras raramente — ou nunca — passam por essa experiência!

As últimas sete gerações têm o controle biológico dominante sobre a nossa química e sobre a nossa vida cotidiana. Bastam três gerações de repressão para encobrir ou suprimir os traços genéticos mais positivos. Se, por exemplo, seus ancestrais das três últimas gerações — mãe, avô, bisavô — foram pessoas deprimidas, você terá tendência à depressão. Não haverá carga elétrica e magnética suficiente no seu corpo para atrair a atenção de um amor biológico, ao passo que outras pessoas atraem vários amores.

Uma herança genética assim exige um poder quase sobre-humano para se conseguir "romper" a química do corpo e fugir da influência das três gerações reprimidas dominantes. Portanto, é possível que você depare com um código genético que lhe possibilite viver um amor biológico.

Não é por meio de uma luta terrível com seus genes que você conseguirá esse rompimento, mas, sim "contornando" a química do corpo e dos genes. Você se "descentra" e vai diretamente à fonte divina do eu. Essa técnica foi apresentada em detalhes no Capítulo 6.

Na massa de experiências biológicas gravadas por mais de 20 bilhões de ancestrais, deve haver todas as histórias imagináveis. Para simplificar, vamos modificar o último exemplo. Digamos que seu pai, seu avô e seu bisavô viveram casos amorosos duradouros e apaixonados. Se esses forem seus genes dominantes, você atrairá com facilidade uma verdadeira alma gêmea biológica nesta vida na Terra. Depois, essa dádiva única de amor sublime passará para seus filhos e para toda a posteridade, pois você a gravou em seus genes!

Assim, da próxima vez que sentir no corpo uma sensação positiva ou negativa diante de um estranho, lembre-se de que essa sensação não foi despertada pela mente, mas pela química do corpo! O corpo é um belo instrumento, que merece sempre amor e carinho. Ele simplesmente cumpre sua tarefa.

Você só terá plena liberdade quando aprender a usar essa multidão de ancestrais para apoiar as escolhas que faz nesta vida. Antes que isso aconteça, a química do corpo continuará automaticamente a agir, a reagir, a censurar, a ordenar e a controlar a sua vida. Mas você pode mudar essa situação.

Assuma hoje mesmo o controle do seu corpo!

O AMOR ESPIRITUAL

Neste momento, mais de 98% dos relacionamentos amorosos nasceram da química do corpo e são movidos por ela. O amor biológico nada tem de negativo, pois qualquer forma de amor eleva o corpo e o espírito humanos; mas é triste que só uma porcentagem tão pequena de todos os relacionamentos humanos deste planeta tenham uma base espiritual significativa.

Durante a vida, que nos dias de hoje dura em média 70 anos, a pessoa terá momentos fugazes de "contato" espiritual com os outros. A soma de todos esses momentos, no entanto, geralmente não chega a 20 minutos. Desperdiçamos momentos preciosos da vida deixando que o corpo nos governe!

São raras as pessoas que aprenderam a ser totalmente autênticas, conseguindo assim expressar amor espiritual pelos outros.

O grande amor espiritual, a grande fantasia de muitos é possível, mas é preciso que os parceiros saibam quem e o que são e se sintam 100% seguros ao demonstrarem um ao outro a sua vulnerabilidade. Porém, não é possível expressar livremente a vida espiritual antes que haja uma grande intimidade com o eu. Sim! Cada um de nós é um deus em forma humana, mas é preciso conhecer e expressar esse fato! Caso contrário, continuaremos a agir conforme a massa de neurônios, que produz descargas elétricas e químicas em nossa forma biológica, ou corpo humano físico. A sílaba *hu* de humano significa espiritual! *Hu e mano* em um só corpo constituem o ser humano. É claro que essa descrição da fusão mente-espírito se refere a homens e mulheres.

Num encontro entre pessoas que se amam espiritualmente, o amor apaixonado que uma oferece à outra e os raios de luz que emitem desafiam qualquer descrição. *Êxtase exultante é* o rótulo mais apropriado para essa intimidade nua partilhada nos níveis físicos entre amantes espirituais. Falaremos mais adiante dessa intimidade e dessa vulnerabilidade. Imagine como é bom poder ser você mesmo diante de seu amado — ou de qualquer outra pessoa.

A maioria dos que agora estão em forma humana expressa seu amor apenas biologicamente, pois mantém distância com relação à pessoa que ama. Esse hiato com relação à pessoa amada só será superado quando o eu for conhecido, pois, então, o eu poderá se comunicar com o outro eu, sem nenhum esforço.

Os que entre nós na Terra acharam legítimas almas gêmeas em espírito ombreiam com entidades que se descobriram "espiritualmente" e que vibram com a mesma freqüência de onda que nos é peculiar. Se você ainda não teve essa experiência, não desanime. Quando aprender a ser você mesmo, e não a imagem formada pela sociedade ou pelos amigos, aquele maravilhoso amor espiritual por si mesmo, docemente partilhado com a pessoa amada, será uma realidade física. Sei disso porque encontrei um amor assim!

Que todos sejam abençoados com o verdadeiro amor por si mesmos e pelo amor físico e espiritual pela pessoa amada!

CAPÍTULO 15

A Intimidade Máxima

A necessidade pessoal e espiritual mais importante e profunda para todos os que vivem no corpo humano é a necessidade natural de partilhar. E o bem mais precioso e mais importante que podemos partilhar com outra pessoa é a intimidade de nosso eu físico e espiritual! A necessidade de intimidade tem raízes profundas. Vem de éons atrás, antes do nascimento da Terra, quando você e eu éramos espíritos puros e conscientes. Como espíritos, não tínhamos meios de nos comunicar com outros espíritos. A idéia divinamente inspirada e a criação desses magníficos corpos humanos físicos (como "veículos" do nosso espírito) nos ajudou a satisfazer a grande necessidade, o desejo ardente de partilhar. Desejávamos ardentemente preencher o nosso espaço, o nosso vazio e a separação, que sentíamos de modo tão pungente, entre nós e os outros.

Quando nossa Fonte Divina criou o princípio da atração e repulsa, nós nos separamos completamente do nosso ser divino. No entanto, nos sentimos rejeitados e magoados. Não compreendemos a dádiva que recebêramos do nosso Criador — o dom da *individuação*. Como fragmentos individuais do deus-eu, fomos libertados, tornando-nos iguais à nossa Fonte Divina e capazes de manter a nossa própria personalidade ou identidade do "eu"!

Para existir como seres criativos, precisamos manter um único pólo elétrico dominante, masculino ou feminino, que defina a nossa identidade. Sem esse "pólo" singular, a separação do todo seria inviável e não existiria o poder de atrair a matéria (para criar).

Entretanto, desde o início (e até hoje), sentimos um desejo profundo de nos unir outra vez à totalidade, ao nosso Criador, no nível espiritual. Essa necessidade básica é o que nos permite fundir nossa carga dominante, masculina ou feminina, com o sexo oposto, numa maravilhosa fusão sexual. Essa fusão aumenta a nossa energia elétrica e a descarrega de uma só vez, no momento do clímax, relaxando e liberando nossa polaridade. Assim, a necessidade de intimidade, de proximidade e de união vem de dentro de nós.

A intimidade com respeito ao sexo e o ato sexual entre homem e mulher permitem a satisfação máxima, necessária no nível do corpo físico. Mas isso não é suficiente! Por mais que tentemos, esse ponto de máximo equilíbrio físico com nosso Criador, agora uma tênue lembrança, nos escapa!

É preciso também conhecer e expressar a intimidade entre nossas psiques. Quando os dois parceiros estão dispostos a se abraçar totalmente, no nível do corpo físico e do espírito, cria-se entre eles um maravilhoso relacionamento de almas gêmeas.

Essa intimidade não é necessária somente entre os que se amam, mas é também indispensável para que haja união na sociedade ou em qualquer tipo de relação social.

Quanto mais conhecermos os outros, mais os amaremos! Não devemos esquecer que, no nível mais íntimo do eu, todos os seres humanos são entidades de luz, "deuses" encarnados, conscientes, dinâmicos, vivos.

Quando aprender a ir além da vulnerabilidade, penetrando profundamente na intimidade do verdadeiro eu, você se transformará num forte centro magnético, que atrairá as outras pessoas. Sua alma gêmea (assim como inúmeras outras pessoas queridas) serão atraídas para seu espaço.

Cada vez que você retira uma camada de falsa identidade, para que os outros possam conhecê-lo mais, a sua carga elétrica aumenta e seu magnetismo pessoal cresce.

A sexualidade pode ser usada com sabedoria, como um instrumento para aumentar a intimidade com você mesmo, por meio do respeito ao deus que existe na sua alma gêmea ou parceiro sexual. Na verdade, você só conseguirá perceber a verdadeira delicadeza, a verdadeira beleza e o verdadeiro deus em seu parceiro sexual se primeiramente conhecer o deus radiante que há em você!

Para começar, satisfaça a sua profunda necessidade de intimidade por meio de uma relação deliberada e consciente com o próprio corpo. Toque-o. Acaricie-o. Confie nele! Trate seu corpo maravilhoso como um objeto belo, e não como fonte de dor, nem como um fardo pesado que você precisa carregar.

Descubra e satisfaça as vontades e necessidades ocultas do seu corpo com amor e carinho. Seu corpo é o bem mais precioso, que só pertence a você! Não o rejeite! Não abra mão dele! Se você desvalorizar o seu corpo, por negligência ou por autopunição, ele vai definhar e morrer. Por outro lado, se você lhe oferecer a intimidade da sua compreensão e do seu toque, ele vai se fundir a você. Deixe que o seu corpo o leve de volta às estrelas!

Para ter intimidade com outra pessoa, você deve ser capaz de *encarar*, *de compreender e de esquecer* os próprios medos! Uma única reação de medo diante de alguém ou de alguma coisa acaba com a sua possibilidade de ser vulnerável e de ter intimidade!

Um animal que percebe o seu medo age com cautela perto de você, e não com intimidade. Por causa do medo, você não permite a mais remota proximidade, quanto mais um envolvimento íntimo.

Algumas pessoas chegam a ter *medo do próprio corpo*. Uma pessoa assim vive com medo de que seu corpo se volte de repente contra ela, que a faça sucumbir a desejos, a necessidades ou a vontades incontroláveis, que ela jamais dominará. Essa pessoa constrói, aos poucos, um espaço artificial, um hiato ou abismo que a separa de seu temido veículo físico.

Há quem acredite que ter relacionamentos íntimos ou próximos não é algo espiritual. A intimidade só é associada à sexualidade e aos relacionamentos sexuais, considerados ruins e contrários a Deus. Muitas dessas falsas crenças a respeito da intimidade advêm de doutrinas religiosas estreitas e tacanhas. Porém, a maior parte dessa ignorância e desses sentimentos repressivos advém de nossos próprios genes; é uma reação puramente biológica que nasce no passado. Esse processo provoca uma reação química e cria na consciência uma "irritação" que costumamos chamar de emoção. Por isso, a bagagem do passado deve ser reconhecida como tal e descartada assim que possível!

No amor, a total expressão da intimidade requer que estejamos próximos da pessoa (ou coisa) amada. Quem ama o nascer do Sol precisa se levantar cedo para se colocar, estrategicamente, no melhor local para aproveitar esse momento. É a vontade e a proximidade que comprovam esse amor!

Pense bem! Como você poderá amar, ser amado e ter

intimidade se "mantiver distância" ou se levantar barreiras de medo entre você e a pessoa amada?

A intimidade requer honestidade total consigo mesmo e com os outros! Assim, ao se expressar honestamente, suas maiores barreiras cairão por terra. O eu divino que você é poderá, então, partilhar de uma proximidade terna e carinhosa, ou de uma intimidade vulnerável, com as pessoas ou coisas que escolher.

A VULNERABILIDADE

Vulnerabilidade é o medo de se expor ou de deixar que seu verdadeiro eu seja visto e conhecido. Trata-se de um mecanismo de defesa do ego para manter a pessoa protegida dos olhares alheios. A vulnerabilidade dói! Ela diminui quem e o que você é! Sempre que não conseguir ser abertamente "quem e o que você é", você estará se distanciando, pelo menos em parte, da realidade da vida. Essa *constrição* do eu é dolorosa, pois desperta o sentimento de "ser menos". Na avaliação do "eu", o *mais* provoca prazer e o *menos* provoca dor, no nível psicológico e espiritual.

Acredita-se, na nossa sociedade, que viver fazendo gentilezas só causa dores e mágoas. Essa falsa crença contribui para a criação do sentimento de vulnerabilidade (ou insegurança). Homens e mulheres aprendem a ser duros e grosseiros, e não a ser serenos e gentis. Isso aparece muito nos filmes. A sociedade diz que quem é cordial acaba sendo magoado, mas o oposto também é verdade! Nada nem ninguém poderá nos magoar enquanto formos gentis e amáveis. É procedendo assim que ficamos fortes e em paz!

A sensação de vulnerabilidade surge apenas quando nos sentimos ameaçados ou em posição inferior. Nesses momentos, costumamos "disfarçar" a exposição do eu com uma atitude socialmente aprendida de valentia, ou com qualquer outra "máscara" que o ego é obrigado a usar para evitar que os outros vejam o nosso verdadeiro eu, belo e poderoso.

Isso revela se a auto-imagem é positiva ou não. Uma auto-imagem negativa acentua muito a vulnerabilidade. Por outro lado, quando amamos a nós mesmos, a vulnerabilidade desaparece!

Quem começa a jogar com a consciência o triste jogo de se esconder de si mesmo deve estar vulnerável num nível muito profundo! Essa pessoa evita "astutamente" olhar para a própria identidade, divina e verdadeira.

A negação de qualquer coisa indica um estado de vulnerabilidade. As religiões cometem um grande erro ao afirmar que só "Deus" é divino e que nós somos "naturalmente" pecadores. Isso é falso — é uma mentira. Você é bom! Há religiões que oferecem dezenas e até centenas de falsos argumentos provando que você é indigno de estar na presença de Deus, quando todos estão sempre na presença de Deus.

O conhecimento de que Deus está dentro de nós é omitido deliberadamente para manter a ignorância e a culpa, além da necessidade de algo exterior para nos salvar! mas ninguém precisa ser salvo! Você é o que é! Suas escolhas, "boas" ou "más", e seu karma, ou lições de vida são unicamente suas! Ninguém pode salvá-lo. Você pode se sentir seguro ou inseguro, mas isso só depende de você.

Muitas vezes, obscurecemos nossa vida com uma atitude séria demais. É necessário, então, adotarmos uma perspectiva menos grave e rigorosa. Em algum lugar, dentro de você e de mim (e de todos nós), existe um moleque impulsivo e desastrado! Mas, geralmente, tomamos medidas severas para ocultar esse lado secreto e luminoso de nossa natureza, não apenas de nós mesmos, mas também dos outros!

Escondemos também nossa doçura, nossa amabilidade e nosso amor, pois nos ensinaram que seremos muito magoados se alguém souber dos segredos do nosso coração e da nossa intimidade. Mas isso não é verdade!

À medida que demonstramos *conscientemente* a nossa vulnerabilidade, nossa verdadeira força começa a se revelar. Ser você mesmo é o sentimento mais grandioso que você pode ter, no nível físico ou espiritual! Para ser você mesmo você precisa conhecer a si mesmo, e para isso é importante descobrir todos os seus pontos fracos um a um!

No início, cada vez que expuser o seu verdadeiro eu, você se sentirá ainda mais nu e vulnerável, pois terá cada vez menos a ocultar. Cada véu que é retirado o expõe ainda mais! Mas, com persistência férrea, você será finalmente você mesmo — em qualquer lugar, em qualquer momento, com qualquer pessoa!

A liberdade espiritual e a liberdade física e pessoal (mente-corpo) que você conquistará ao revelar a vulnerabilidade vale todos os momentos de esforço consciente para a "libertação" do eu!

CAPÍTULO 16

O Amor Elétrico

Há um paralelo definido entre amor elétrico ou universo elétrico e amor magnético ou universo magnético.

Desperta o nosso amor elétrico alguém que nos atrai quimicamente, pela herança biológica. É alguém que nos "acende". Existe nessa pessoa algo muito atraente, que desperta em nós o desejo de conhecê-la, de ter a oportunidade de conversar um pouco e olhar mais de perto. Recebemos, da mente e do corpo, sinais para prestar atenção nessa pessoa e até para criar um incidente (nem que tenhamos que passar por algum vexame ou por alguma situação constrangedora), só para conseguirmos nos comunicar de alguma forma com aquela pessoa que de repente apareceu à nossa frente!

De certa forma, esse nosso comportamento é "incomum" e chega até mesmo a nos surpreender.

Havia eletricidade "no ar", e nós simplesmente reagimos à súbita carga elétrica que recebemos na região do plexo solar. O princípio da polaridade entrou em ação e nós percebemos que não somos repelidos, mas atraídos pela entidade à nossa frente. É isso o que ocorre no espaço elétrico quando dois pólos opostos se encontram — *atração instantânea!*

É claro que o grau dessa atração varia conforme a pessoa, a situação e o momento. Em certos dias, nossa bateria está muito carregada. Nessas ocasiões, ficamos mais sensíveis à influência de impulsos ou vibrações elétricas, transmitidas de repente por uma pessoa, um acontecimento ou um objeto. Também é preciso levar em conta a carga na "bateria", (ou seja, o corpo) da pessoa, do animal ou do acontecimento (como o Sol se pondo ou nascendo) com que deparamos naquele momento. Quando as duas baterias estão com a carga máxima — o encontro "provoca faíscas".

Quando somos levados apenas pelo impulso biológico, nosso relacionamento sexual com uma possível alma gêmea ou uma outra pessoa qualquer tem poucas chances de se aprofundar. Depois de algum tempo, não há como continuar carregando as duas "baterias"!

Depois do impacto, a eletricidade forte e incontrolável, que havia no começo e que possibilitou o relacionamento, diminui muito. Assim, com pouca carga, a possível alma gêmea ou a nova paixão se transformam em "roupa velha", usada pela enésima vez.

Agora, vamos analisar essas mesmas situações da perspectiva do amor magnético!

CAPÍTULO 17

O Amor Magnético

Chegamos assim ao fascinante domínio das almas gêmeas! A alma de cada um de nós tem seu hábitat natural no universo magnético. Todos nós fazemos a escolha de viver no universo material elétrico, composto de formas e partículas atômicas, ou no universo magnético, composto de antimatéria ou matéria subatômica — mas, o que é mais inteligente, podemos escolher os dois!

Quem vive sempre "no ar" precisa de mais contato com a realidade. Por outro lado, está em desequilíbrio quem vive brigando com a própria psique, ou com seu mundo interior, e aceita só o que é real (no mundo material tridimensional), para os sentidos inexatos, sendo totalmente cético a respeito de forças psíquicas e da existência da alma ou do espírito!

A condição mais saudável e equilibrada para nós, que estamos na forma humana, é ter consciência de que vivemos em dois mundos, *simultaneamente*!

Ao nascer, acreditamos que o corpo é a única identidade

real e conhecida. Mais tarde, geralmente a partir dos quatro anos, começamos a incorporar o "outro eu", o eu da consciência de grupo (consciência da alma). Nessa idade, a criança começa a pensar no bem-estar da mãe em vez de só se preocupar com a própria satisfação, o que revela a presença da alma.

A criança atinge um estágio em que os pensamentos e sentimentos da mãe se tornam mais importantes do que os seus. Isso indica que ela começou a reagir conscientemente ao magnetismo que há entre ela e a mãe. Essa capacidade de passar da postura de reconhecimento, em que a pessoa só se preocupa consigo mesma, à da preocupação pelo bem estar dos outros é um atributo próprio da alma.

A alma gêmea é alguém com quem nós nos relacionamos no nível magnético da alma. Essa pessoa não vai embora de uma hora para a outra! Há no magnetismo da alma uma "estabilidade" que não é encontrada em relacionamentos de nível egóico ou da personalidade. Não há nada de substancial nos relacionamentos desse tipo. Observe que o termo usado (substancial) indica a falta de dimensão do relacionamento no nível da personalidade. *Sub* significa "abaixo de"; *stare*, em latim, significa "estar", neste caso, a postura mantida. Assim, dizer que uma coisa tem substância equivale a dizer que ela tem apoio *de baixo*, interior. Dizer que alguma coisa não é substancial equivale a dizer que lhe falta apoio (da alma).

Em suma: um relacionamento sem substância é elétrico, e não magnético. Um amor magnético é muito mais satisfatório do que um amor elétrico, a menos que você esteja interessado apenas em encontros fortuitos ou em relacionamentos sem profundidade nem significado!

Assim, cabe a você escolher se quer iniciar (ou continuar) um relacionamento no nível elétrico, com alguém facilmente acessível, ou se está disposto a fazer um esforço determinado para encontrar o divino amor magnético — sua alma gêmea.

Toda a informação necessária para você atrair sua alma gêmea está contida neste livro. Espero que você compreenda e *use* essa informação, transformando sua vida num verdadeiro paraíso na Terra. Quero que você comente com os amigos sobre este livro, para que eles também ponham em prática essa fórmula comprovada de sucesso, e atraiam também suas almas gêmeas.

CAPÍTULO 18

Amor Heterossexual e Amor Homossexual

O AMOR HETEROSSEXUAL

Assim como no mundo animal machos e fêmeas formam pares naturalmente, homens e mulheres também são parceiros naturais. Foram feitos de forma a completar um ao outro na relação sexual.

A maioria das sociedades aprova essa expressão natural do sexo entre um homem e uma mulher ligados pelo laço do matrimônio. Sabe-se, empiricamente, que o simples toque áspero de um homem ou o toque leve e suave de uma mulher altera e estimula incrivelmente a química do sexo oposto.

A civilização humana se extinguiria rapidamente se o amor heterossexual acabasse! A sociedade lança mão da ciência, da tecnologia e da arte para incentivar a heterossexualidade. A grande necessidade de amor que tanto os homens quanto as mulheres sentem uns pelos outros é expressa em novelas pornográficas, poesias, pinturas ou canções. A moderna indústria publicitária usa a paixão e a tórrida atração entre os sexos para fazer dinheiro.

Os pais apóiam e incentivam o amor heterossexual bem cedo na vida dos filhos, mas ficam visivelmente chocados quando um filho lhes diz que é homossexual. Geralmente os pais logo percebem se há algum "desvio" no comportamento sexual dos filhos, e não tardam a desencorajá-los.

A religião exalta a vida heterossexual e ordena que todos os fiéis a sigam. Assim, o casamento entre homens e mulheres conta com a aprovação e com a bênção da igreja, sem falar dos rituais e votos sagrados.

O amor heterossexual existe e sempre existirá! A natureza manteve, em sua amada espécie humana, a divisão entre os dois "sexos". Eu sou homem e, pessoalmente, adoro ser diferente das mulheres. Assim, meu voto particular vai para a continuação do amor heterossexual, entre homens e mulheres. *Mas a sua escolha pode muito bem ser outra!* Se você, ou qualquer outro ser humano, escolheu ser *gay*, lésbica ou bissexual, não tenho nada a ver com isso! Aliás, ninguém tem nada a ver com isso! Ninguém tem o direito de dizer a outro ser humano qual deveria ser a sua preferência sexual, nem de fazer qualquer outra imposição.

Não conheço nenhum grupo, ligado à comunidade homossexual ou bissexual, que se empenhe para impor a nós, heterossexuais, o bissexualismo ou o homossexualismo. Se eles não nos fazem nenhuma imposição, não deveríamos coagi-los com as nossas.

Pessoalmente, gosto muito de ser heterossexual. É bom ser homem e amar uma mulher, mas sei que os outros também têm o direito de ter suas preferências sexuais e a própria vida sexual. Espero que você também seja tolerante!

Ilumine-se, fique mais solto, abra-se, e a alegria, o amor e a verdade ressoarão pelo seu corpo e pelo seu espírito, seja você *homossexual, bissexual* ou *heterossexual.*

O AMOR HOMOSSEXUAL

Basta uma mulher amar uma mulher ou um homem amar um homem que a sociedade heterossexual logo se ergue para dizer que esse amor é errado, que não é natural. A sociedade é formada por uma maioria de heterossexuais que praticam o sexo dito "normal" com pessoas do sexo oposto. *Normal* significa, na consciência social, "aquilo que os outros fazem" e, mais especificamente, aquilo que é defendido pelo poder vigente.

O poder "aparente" (sem controle real), que molda a sociedade atual, é constituído pela religião e pelo governo, ou pela Igreja e pelo Estado. Eles ditam o que é aceitável (ou normal) e o que não é! O governo é menos fanático e muito mais tolerante em suas atitudes diante do homossexualismo *declarado*, exceto entre os militares. A tendência do governo é permitir a homossexualidade e, aos poucos, legitimá-la. Nos Estados Unidos, órgãos públicos responsáveis pelo imposto de renda e pelos financiamentos já garantem a "casais" de homossexuais os mesmos direitos e deveres dos casais heterossexuais. Isso certamente é um grande passo para o reconhecimento dos direitos dos homossexuais!

A Igreja, no entanto, continua mantendo sua posição inflexível, e afirmando que o homossexualismo é pecado, é algo contrário à natureza. Mais bem-educados ou mais refinados, os homossexuais levam em conta não as igrejas, mas a fonte das religiões, ignorando esses julgamentos maldosos e tacanhos. Cristo, cujo nome é usado pelo Cristianismo, disse: "Não julgueis para não serdes julgados!"

Os julgamentos, porém, continuam a ser proferidos publicamente por aqueles que se autoproclamam "representantes" das religiões nomeados por si mesmos. Quem julga provavelmente compensa a incapacidade de administrar a própria vida dizendo aos outros como administrar a sua. Eu também só considero a fonte das religiões, e tento ignorar a condenação cruel e destrutiva que sofrem meus irmãos e irmãs homossexuais. Do ponto de vista espiritual, os julgamentos ou as tentativas de forçar outros seres humanos a viver de determinada maneira chamam-se "assédio psíquico".

Deus nos deu um livre-arbítrio divino e inteligente, para que cada um de nós possa seguir na vida o caminho que escolheu.

Numa verdadeira comunidade espiritual, a soberania e a divindade de cada pessoa é reconhecida e respeitada. Os homossexuais não são uma espécie à parte — eles são seres humanos normais e amorosos, que têm os mesmos sentimentos, os mesmos dramas e a mesma essência espiritual de todos nós. Eles comem, trabalham, brincam, votam, pagam impostos, dormem, vivem e morrem como qualquer um. Eles amam como amam os heterossexuais! Estão aqui para aprender "lições de vida" pessoais e significativas, como todos os que vivem na forma humana!

Como nós, os homossexuais que se amam saem para passear de mãos dadas, para jantar, namorar, dançar. Como nós, eles sentem a tristeza e a essência alegre e sublime da própria natureza. Qual é o problema?

No meu livro, *Soulmate Book: for Gays and Lesbians*, publicado por Samuel Weiser, Inc., procuro dar dezenas de explicações razoáveis para o fato de o comportamento homossexual ser tão "natural" para os homossexuais quanto o nosso comportamento é para nós — a maioria dominante do planeta. Eis algumas dessas razões:

Nas situações em que um homem encarna num corpo

feminino ou vice-versa, a química do corpo é alterada, fazendo com que essa pessoa se sinta "naturalmente" atraída por outra do mesmo sexo.

Os fatores genéticos também exercem sua influência. As expectativas dos pais com relação ao bebê podem imprimir no seu DNA o desejo "natural" de buscar realização sexual ou biológica com um parceiro do mesmo sexo!

Por mais que se esforce, a sociedade jamais conseguirá transformar homossexuais em heterossexuais. Por quê? Porque é contra a natureza deles.

A sociedade afirma que a homossexualidade só terá "cura" se os homossexuais forem transformados em heterossexuais. Imagine como isso seria doloroso para eles!

Um homossexual é um homossexual, assim como uma rosa é uma rosa!

Os homossexuais que se amam são pessoas fascinantes, que pensam e sentem; são pessoas comuns ou extraordinárias, assim como qualquer outra entidade de luz encarnada em um corpo humano. Eles comem e respiram, como os heterossexuais. Amam com amor apaixonado, como os heterossexuais. Deixam que você seja heterossexual sem condenar, sem recriminar, sem repreender...

Seria muito bom — e verdadeiramente espiritual — conceder aos casais de homossexuais o mesmo direito ao livre-arbítrio que eles já concedem a você!

Eu faço isso. E você?

OS AMANTES BISSEXUAIS

O amor bissexual é natural para os *bissexuais*! Os heterossexuais, os homossexuais e os bissexuais seguem, igualmente, "o que é natural" à sua expressão sexual e erótica e à realização do seu corpo. Nós, os heterossexuais, somos, em nossa maioria, controlados pela química do corpo. Os bissexuais também!

Para quem não sabe, bissexual é um homem ou uma mulher que pode se realizar sexualmente com parceiros de ambos os sexos. Os bissexuais que conheci acabaram optando por um dos sexos, mas continuam a sentir prazer tanto com homens quanto com mulheres (ou com os dois ao mesmo tempo).

Como o bissexual atua tanto em corrente contínua (CC) quanto em corrente alternada (CA), ele pode se sentir naturalmente atraído por pessoas do mesmo sexo ou do sexo oposto, sendo predominantemente heterossexual ou homossexual. No entanto, em ambos os casos, ele mantém sua capacidade única de "fluir" facilmente com a corrente, qualquer que seja a sua direção, para amar tanto um homem quanto uma mulher.

Outra observação pessoal que fiz a respeito de bissexuais: sua libido é imensa. Eles transpiram muito mais energia sexual do que a maioria das pessoas. Os bissexuais parecem ter fome de sexo, um desejo ardente e constante, muito além do impulso sexual comum a heterossexuais e homossexuais. Afinal, eles podem ter relações com ambos os sexos — e não perdem tempo!

O circuito genético, elétrico e químico do bissexual obviamente é diferente. No entanto, ser bissexual é um comportamento 100% natural para o espírito que habita aquele corpo, assim como é 100% natural, para você ou para mim, ser heterossexual, homossexual ou lésbica.

Não existe ninguém que seja assexuado. Nenhuma entidade pode viver num corpo humano sem uma carga predominante de eletricidade positiva ou negativa correndo pelo corpo, o que produz um campo magnético masculino ou feminino.

É também verdade que a sexualidade e a criatividade estão inextrincavelmente ligadas. Se não passasse pelo nosso corpo humano tridimensional um fluxo elétrico que atrai ou repele, não teríamos os "ímãs" para atrair ou repelir o peso e a massa necessários para criar ou materializar acontecimentos ou coisas na nossa vida.

Os bissexuais têm uma vitalidade ou um "combustível", que se inflama em quase todas as oportunidades. Todos os bissexuais que conheci eram atraentes, gentis e verdadeiramente atenciosos com todos. Conheço um advogado extremamente rico que é bissexual. A menos que se converse com ele sobre isso ou que se tenha oportunidade de observá-lo de perto, não é possível perceber que ele é um bissexual. Ele transpira charme masculino, dinamismo profissional em fina sintonia!

Finalmente, quero deixar bem claro que o bissexual, assim como os homossexuais, as lésbicas ou os heterossexuais, simplesmente tem um apetite sexual ou uma preferência sexual diferente das demais. Fora isso, eles são exatamente como você, como eu ou como qualquer outro ser humano na Terra!

CAPÍTULO 19

Fantasias de Amor Versus Amor de Verdade

Romancistas, cineastas, músicos, poetas e outros artistas retratam de maneira glamourosa e atraente as fantasias de amor que nós criamos. Será que esses amores realmente existem?

Na verdade, as fantasias de amor são mais do que um mito. Elas têm de fato uma base na realidade física. Tudo o que pode ser imaginado pode existir. A imaginação permite que criemos mentalmente qualquer tipo de experiência humana. Sem ela, a vida seria muito sem graça. Graças a Deus temos imaginação!

Se você tem filhos, procure estimular a imaginação deles! Isso será um presente de valor incalculável, um instrumento infinitamente criativo que eles poderão usar e aproveitar durante toda a vida!

Se usar corretamente a imaginação, talvez o amor de seus

sonhos se materialize diante da sua porta! Eu sei disso por experiência própria!

Quando comecei a aprender a usar o poder da auto-sugestão, li um relato sobre o assunto. O autor testara em si mesmo o poder da auto-sugestão "criando" um grande urso em três dimensões, tão real que era quase possível sentir o seu pêlo grosso e seu corpo volumoso. O urso tinha uma personalidade alegre e adorava brincar com seu "criador".

Porém, segundo o autor, ele usara tanto poder de auto-sugestão para insuflar vida em sua criação, que o urso começou a aparecer por conta própria, exigindo atenção noite e dia, nos momentos mais inoportunos. Por exemplo: no meio de uma conversa importante numa festa, o urso apareceu querendo brincar.

O urso era invisível para o anfitrião e para os outros convidados da festa, mas era bem visível e real para ele! Assim, no meio de uma frase, ele de repente perdia o equilíbrio, se inclinava para a frente, ou recuava, dando socos no ar, tentando desesperadamente se livrar do urso brincalhão em momento tão inoportuno! É claro que era difícil explicar para o anfitrião e para os convidados boquiabertos por que de repente ele se punha a dançar, a se balançar e a se jogar no chão, rolando de um lado para o outro. Ao ler esse episódio, vi claramente essa cena engraçada com os olhos da mente. Precisei até parar de ler, de tanto rir.

Segundo o autor, esse adorável urso de mentira tinha se tornado tão real, provocando constrangimentos em momentos tão inesperados, que ele finalmente precisou usar novamente a auto-sugestão para tirá-lo de sua vida.

Com essa história, ele deixou bem claro o que queria demonstrar: *podemos dar vida às nossas fantasias*! Esse homem tinha feito surgir um urso vivo na sua vida. Quando isso se transformou num problema, ele usou a auto-sugestão para fazê-lo desaparecer.

Ao ler e reviver mentalmente o seu drama (como espectador imaginário) eu ria às gargalhadas. De repente, uma idéia me atingiu como um raio: se esse homem conseguiu, eu também conseguiria!

Não que eu tivesse vontade de imaginar e de fantasiar um urso inconveniente; mas ocorreu-me que podia "criar" uma mulher amorosa, bonita e extremamente sensual! Eu sabia o que queria. Eu só queria que ela aparecesse no meio da noite, nua, pronta a cair nos meus braços e dissesse apenas: "Aqui estou!"

Eu queria que ela me abraçasse e desse início aos tórridos jogos do amor, que durariam a noite inteira.

Como eu era jovem, sensual e extremamente viril, essa idéia libidinosa me excitou muito! Eu sabia que acabaria conseguindo se seguisse as sugestões do livro!

Assim, naquela noite, já num estado entre o sono e a vigília, comecei a me sugestionar: aquela mulher de mentira, nua e *sexy*, apareceria fisicamente diante de mim, em algum momento da noite — como o urso brincalhão.

Pensei em detalhes: eu seria acordado por um barulho qualquer durante a noite. Ao abrir os olhos, eu veria que a mulher das minhas fantasias acabara de se materializar na minha cama. Ela estenderia os braços para mim e diria com voz sensual: "Aqui estou!"

Na primeira noite, nada aconteceu; mas eu sabia que era apenas uma questão de tempo e persistência, pois a auto-sugestão vai penetrando aos poucos no subconsciente, especialmente quando se é obstinado.

Uma de minhas características mais marcantes, como bem sabem todos os meus amigos, é a minha persistência obstinada! Tenho muita dificuldade para desistir quando sei que é possível alcançar o meu objetivo!

Na noite seguinte, repeti a sugestão várias vezes antes de cair no sono. Mas acordei pela manhã sem nenhum vestígio de minha "amante de fantasia".

Costuma-se dizer que é na terceira tentativa que as coisas de fato acontecem. Pois para mim foi! Na terceira noite, depois de repetir com força a auto-sugestão, acordei de repente. Ouvi um barulhinho. "Tic!"

Lá estava ela! Nua e gloriosa! Estava ajoelhada diante de mim, os braços abertos, com um sorriso sensual e irresistível iluminando o belo rosto corado.

"*Aqui estou*", disse ela.

Sem dizer nada, dirigi-me delicadamente a ela para receber seu caloroso abraço. Como nunca durmo vestido, só foi preciso me entregar aos seus braços; durante toda a noite fizemos amor, com paixão, ternura e sensualidade!

Confesso que, às primeiras luzes da manhã, eu estava exausto. Em minha "fantasia", dei um último beijo nela e, antes de cair no sono, senti ainda nossos corpos nus, entrelaçados num doce abraço sensual, como qualquer casal depois de uma noite apaixonada de amor. Dormi como nunca.

Quando acordei de manhã, ela se fora — tinha desaparecido. Passei o dia revivendo mentalmente aquele encontro apaixonado. E a cada vez que o revivia, meu corpo se arrepiava àquela lembrança.

O que me espantava era o fato de esse encontro apaixonado com minha "fantasia" provocar sensações tão "físicas" em todas as partes do meu corpo; tudo era real como se eu tivesse tido um encontro sexual de verdade, muito mais fantástico do que tudo o que já tinha experimentado! Que noite! Que ímpeto! Que lembrança inesquecível! *As fantasias podem tornar-se realidade!*

Há muitos níveis e graus de fantasias amorosas. Minha melhor fantasia amorosa, extremamente real, acabou entrando em minha vida na forma adorável de minha alma gêmea, *Maria*.

Nossa vida é uma fantasia paradisíaca, rica, concreta, desdobrando-se continuamente. Nela, nossos sonhos mais loucos se realizam!

Pode estar certo de que aquela pessoa adorável que aparece em suas fantasias está perto de você agora, em mente e espírito! Você precisa apenas aprender a focalizar e a "materializá-la" em sua vida!

Que assim seja.

CAPÍTULO 20

Por que a Alegria Atrai o Amor

A alegria sempre atrai o amor. Com o corpo e o espírito repletos da alegria de viver, você é como um ímã! Atrai ainda mais alegria e, conseqüentemente, mais amor.

A alegria é a freqüência vibratória mais alta que um ser humano pode criar individualmente. A alegria unifica. A alegria cura o corpo, como nenhuma outra vibração o faz.

A alegria penetra a consciência humana e segue diretamente para o ponto central onde a massa do corpo físico e a massa espiritual se unem, como um só campo unificado! Essa é a primeira camada tridimensional, ou a primeira "camada de pele" elétrica. A alegria é a vibração mais profunda que o corpo físico pode conhecer e registrar. Embora tênue e sutil, a alegria é a camada mais poderosa, ou "caráter" natural do corpo físico.

Pode-se compreender melhor a alegria por meio da seguinte analogia, expressa aqui pelos principais estágios do sentimento. O nível mais elevado de sentimento do corpo, ou do puro espírito, é o *êxtase*! No nível seguinte do corpo, ou na pura alma, está a alegria. Em seguida, no nível da pura personalidade, está o contentamento. Um fluxo cada vez maior de contentamento leva à alegria e a alegria leva ao êxtase! Nos seres humanos, o estado de êxtase divino é muito raro, formado por sentimentos fugidios.

Só quem realmente conhece a própria identidade espiritual superior consegue viver a vida cotidiana em êxtase. Nesse caso, todos os átomos e células do corpo pulsam simultaneamente, como uma só entidade completa e consciente. Essa é a verdadeira "ressurreição do corpo". Você, eu, sua alma gêmea e todos os outros seres humanos atingirão um dia esse estado.

O sentimento de alegria só pode ser gerado por meio da mente do plexo solar, ou *quarto cérebro*. Essa massa cinzenta, localizada no plexo solar, foi criada para isolar e facilitar a vibração de alegria no corpo e na mente.

A alegria cura as células e os órgãos do corpo. A alegria faz com que você se sinta física e psicologicamente saudável e completo.

Observe como quase todos tendem a se afastar de pessoas doentes. Ninguém quer se contaminar com a dor e o sofrimento alheio. Por outro lado, nos sentimos atraídos por pessoas alegres, cheias de vida, dinâmicas e saudáveis. Assim, quando a alegria aumenta, aumenta também a saúde física, emocional e mental — e isso atrai o amor dos outros. A alegria faz com que as pessoas fiquem à vontade e apreciem sua companhia alegre!

Além disso, a alegria não só atrai o amor das outras pessoas, mas também as contagia. Quando os outros são atraídos pelo seu campo de energia, germina dentro deles a semente de uma vibração de alegria. A alegria está sempre se multiplicando!

Pense nisso. A alegria que você cultiva em si mesmo se transforma numa preciosa dádiva para as outras pessoas. Elas logo são arrebatadas pela alegria que brota dentro delas e entram em sintonia com ela. Assim, cada um que recebe essa alegria irá passá-la adiante e assim sucessivamente, numa espiral sem fim.

A alegria é a freqüência física mais próxima da luz; ela é comparável a uma luz que se acende de repente na grande escuridão vazia. Todos os olhos, todas as formas de consciência, vão se voltar para essa luz repentina e focalizá-la. E todos, ao mesmo tempo, vão se aproximar conscientemente dessa luz (seja ela tênue ou brilhante)!

Essa analogia entre a alegria e a luz mostra com clareza como a alegria atrai a alegria — e o desejo que sentimos de ficar perto de quem irradia amor com alegria. A proximidade é, por si mesma, uma grande prova de amor, pois estar fisicamente próximo de alguém já é em si uma "declaração". Assim, a alegria é um excelente modo de atrair fisicamente sua alma gêmea.

Do ponto de vista da física, a tristeza nos afasta das outras pessoas e a alegria nos aproxima delas! Toda a natureza se apressa para penetrar e preencher esse vazio, ou espaço aberto. Por isso, é natural que as pessoas queiram penetrar no "seu espaço" quando percebem a sua alegria!

Aproveite!

CAPÍTULO 21

A Sagrada Doação de Si Mesmo

De vez em quando, temos a sorte de encontrar alguém capaz de ouvir com total atenção cada palavra que dizemos — alguém que esteja verdadeiramente interessado no que tentamos transmitir. São raras as pessoas que aprenderam a grandiosa arte humana de oferecer, em silêncio, a doação de si mesmo.

Muitas vezes, nem nos damos conta quando alguém nos oferece uma dádiva tão preciosa. Mas, mesmo assim, nós nos perguntamos o que o torna tão diferente! Por que será ele dotado dessa paciência silenciosa? Como consegue ter esse respeito por todos à sua volta? Onde será que aprendeu tudo isso?

Há várias razões que podem levar alguém a dominar o eu instável e elétrico, tornando-se um ouvinte paciente e atento, honrando a pessoa que fala, seja ela um amigo ou um estranho.

Talvez isso seja uma característica biológica natural, uma herança genética — principalmente se os últimos três ancestrais possuíam essa rara qualidade. Talvez a pessoa tenha copiado essa característica do pai ou da mãe, ou de alguém que admirava. Qualquer um desses fatores pode ter despertado nela a capacidade notável de se doar às outras pessoas.

Esse autodomínio também pode ter-se desenvolvido ao longo dos anos, um processo que talvez tenha levado várias encarnações consecutivas. Nesse caso, desde a infância o autodomínio surge como uma marca pessoal.

A mensagem transmitida por quem aprendeu a se dar é: "Eu te amo." Sem hesitar, essa pessoa se doa a quem se dirige a ela, pois reconhece e honra o deus que existe em todos nós.

O maior presente que se pode dar a alguém é o amor; não é ouro nem outros objetos de valor. E a maior dádiva do amor é a doação de si mesmo. O amor verdadeiro parte de pessoas simples, que não querem impressionar ninguém, mas que, em silêncio, permitem que sejamos nós mesmos. Elas vêem a divindade das outras pessoas e a refletem.

Quem quer muito ser amado deve antes expressar o amor verdadeiro — dando atenção à outra pessoa. Deve olhar bem dentro do outro, até ver a luz única e brilhante da divindade iluminada. Deve honrá-lo e respeitá-lo, concedendo-lhe tempo e dando-lhe toda a atenção.

Quando estamos em companhia de alguém, costumamos ficar divagando, dispersamos a nossa atenção. Até mesmo a nossa linguagem corporal revela a nossa vontade de sair correndo dali e a nossa certeza de que aquele momento só merece uma pequena parte da atenção consciente. Nunca aprendemos a nos doar totalmente aos outros. Poucas vezes somos verdadeiramente íntimos de alguém. Estamos tão ocupados fora de nós mesmos, que esquecemos o autocontrole e o bem-estar que nos traz um momento de silêncio, cheio de paz e calor.

A vontade de partilhar é profunda em todos nós. É um dos desejos humanos fundamentais. Da próxima vez em que sentir essa necessidade, conceda a doce doação de si mesmo a cada momento, a cada acontecimento e a cada espírito humano que encontrar.

Isso é, verdadeiramente, a sagrada dádiva do eu!

CAPÍTULO 22

A Alegria de um Relacionamento Entre Almas Gêmeas

Se você quer realmente saber como é um relacionamento entre almas gêmeas, pergunte a alguém que esteja vivendo essa experiência! Pois eu posso lhe dizer, por experiência própria.

Estou casado há anos com a minha alma gêmea, em todos os sentidos da palavra. Ela ouviu a minha mensagem telepática e veio da Europa para se unir a mim! Temos um belo filho de cinco anos, chamado John Mathew... que é um presente dos deuses!

Não esqueça que as almas gêmeas são humanas como todos nós; elas também têm de passar pelas dramáticas lições da Terra para evoluir neste planeta, até chegar à auto-realização. Há, no entanto, uma enorme diferença entre um simples casamento e um relacionamento entre almas gêmeas, que é baseado na dádiva do eu, na liberdade e na total ausência da possessividade.

Num verdadeiro relacionamento, o amor entre almas gêmeas não impõe nenhuma restrição; ele permite que cada um dos parceiros tenha a sua própria vida. O vínculo entre elas provém do puro amor, que reconhece a divindade no outro.

O prazer de se tocar e o relacionamento sexual são magníficos e muito gratificantes para ambos, nos níveis físico e espiritual. O privilégio de ser você mesmo, de poder expressar intimamente quem e o que você é, os seus segredos mais íntimos, sem medo de ser rejeitado supera qualquer descrição. Num relacionamento entre almas gêmeas, uma pessoa reflete as preferências da outra. Ambos têm a mesma freqüência vibratória, o mesmo comprimento de ondas, o que permite um fluxo harmonioso entre o casal.

Dar um passeio de mãos dadas com sua alma gêmea é como andar de mãos dadas com o universo. Toda a beleza e grandiosidade da natureza são vistas, sentidas e partilhadas numa luz transcendente e no fluxo das auras.

Nada parece impossível para quem vive um relacionamento assim, pois, além da segurança e da confiança em si mesmo, pode-se contar, na conquista do seu objetivo, com a segurança, a confiança, a força e com o apoio do companheiro. Essas duas pessoas têm completa soberania para escolher seu caminho na vida. A alegria de abraçar sua alma gêmea é magnífica e divina! Um relacionamento entre almas gêmeas tem, naturalmente, uma aura celestial. Essas duas pessoas estão se encontrando bem no âmago de si mesmas — e é esse vínculo, esse ponto de fusão entre elas que é registrado e sentido por toda a eternidade. Nós só imprimimos nos átomos do nosso corpo físico a nossa marca única quando o impacto, ou contato, tem grande poder espiritual. Se for grande o amor que você tem por si mesmo ou por outra pessoa, ele fica impresso para sempre na sua estrutura atômica e subatômica — fica registrado na sua alma e nos *gases inertes* (chamados "registros akáshicos").

A tônica, a nota predominante que encontrei em todos os casais de almas gêmeas, sem exceção, é a *alegria*! A alegria transcende o corpo — ela eleva e traz vida a ele, ela o ressuscita! A verdadeira ressurreição do corpo humano deve vir sempre da vibração que conhecemos, ou geramos, como alegria. As almas gêmeas irradiam alegria! Juntas, elas parecem estar muito bem! Elas estão muito bem!

Se para você relacionamento com a alma gêmea é uma prioridade, vá em frente! *Siga seu espírito sem vacilar!* Dê a você mesmo a alegria de ter um relacionamento sublime e divino com a sua alma gêmea! Você merece!

CAPÍTULO 23

Se os Outros Conseguiram, Você Também Consegue

Pense: Apesar de haver mais de seis bilhões de pessoas na Terra (encarnadas em corpos humanos), existem muitos milhões de pessoas sozinhas que, lamentavelmente, não encontram ninguém para amar, nem mesmo no nível biológico. Pode ser ridículo, mas é verdade.

Por outro lado, muitos milhões de homens e mulheres encontraram o amor. Alguns têm até vários amores, sem falar dos poucos que têm "haréns". Como pode existir na Terra esse desequilíbrio sexual, aparentemente tão estranho? A razão é *biológica!*

Muitas pessoas, homens e mulheres, não têm poder de atração. A causa misteriosa dessa falta de atrativos sexuais, ou de libido, reside no DNA e nos genes. Essas pessoas solitárias, aparentemente sem ninguém para amá-las, escolheram ao nascer uma linha genética formada por ancestrais destituídos de paixão por si mesmos ou pelos outros. Essa falta de paixão não permite que eles gerem, na estrutura celular e molecular, uma carga elétrica suficientemente forte para atrair alguém que possam amar.

Talvez você se pergunte: se nós, como entidades de luz e centelhas de Deus, temos o direito de escolher o nosso próprio destino, por que alguns escolheram ter esse código genético cuja configuração é tão limitada?

Antes de encarnar, o espírito pode ter muitas razões para escolher um código genético "deficiente", sem brilhos ou atrativos. O deus-eu pode ter resolvido passar por alguma lição ou aproveitar uma oportunidade para quitar sua dívida. Essas limitações obrigam esse deus a se voltar exclusivamente para a sua "missão", sem se distrair com envolvimentos românticos! As alternativas para obter uma herança genética melhor (o ideal tão desejado) podem ter limitado a sua escolha a um determinado período da História. Assim, ele teria aceito uma outra linha genética para substituir a ideal.

De qualquer forma, depois de penetrar na célula única, comprometendo-se a permanecer com ela ao longo de uma nova encarnação humana biológica, o deus-eu deve se contentar com uma vida limitada às suas características genéticas — ou transcender o próprio corpo, superando-o. Hellen Keller é um exemplo disso!

No entanto, ninguém precisa se desesperar! Se agora você não tem ninguém, ainda pode encontrar alguém que o ame e que você possa amar. Mas talvez isso exija uma mudança importante de atitude, diante do mundo e do seu próprio corpo. A consciência de que somos muito mais do que um mero corpo gera a poderosa carga elétrica necessária para atrair a pessoa amada.

Mudar de atitude significa aprender a amar a si mesmo — gerando conscientemente mais alegria no cotidiano. Quando o amor por si mesmo e a alegria de viver forem grandes o suficiente, você terá a energia necessária para atrair uma alma gêmea de freqüência vibratória igual à sua.

A vida é uma viagem de infinitas descobertas e, ao longo dessa viagem, você já deve ter observado que algumas pessoas parecem ter uma legião de amigos e namorados. Você também já deve ter observado que certas pessoas de aparência normal transpiram magnetismo. Ao comparar essa situação com a de tantas pessoas que não encontram alguém para amar, nós nos perguntamos a causa dessa diferença tão grande entre as pessoas, que faz com que algumas tenham tanto magnetismo e outras provoquem repulsa. Por que tantos homens e mulheres têm sempre um amigo com que contar e a pessoa certa para amar, enquanto os solitários não têm ninguém?

As almas felizardas, cercadas de amigos e amores, geralmente têm uma herança genética que as favorece. A configuração do DNA e dos códigos genéticos faz com que sejam sexualmente atraentes e tenham facilidade para fazer amigos. Assim, como seus genes irradiam constantemente fortes ondas de atração, arranjar amigos e namorados é algo que não lhes exige nenhum esforço. Essa é a causa biológica do magnetismo natural e da facilidade para fazer amigos. Todos querem tocar e sentir essas pessoas ou simplesmente se aquecer em seu aconchegante campo de energia.

Por outro lado, a pessoa reprimida ou solitária provoca a reação exatamente contrária. Ninguém quer ficar perto dela. Seu campo de energia é sombrio em vez de ser luminoso! Ela emite ondas de repulsa e não de atração!

Os "sinais" que emite anunciam publicamente que ela não ama a si mesmo — que se sente pouco atraente. Esse forte sentimento de repulsa por si mesma é captado por quase todos à sua volta — que passam a evitar qualquer contato, pois tendemos a nos aproximar do que é atraente e não do que é repulsivo!

O princípio da atração e repulsa, o mais importante dos princípios da vida, foi indelevelmente gravado em nosso ser espiritual, quando o "nada" de cada um de nós foi individualizado.

Todas as lições únicas com que deparamos estão contidas no perímetro dessa aparente dualidade universal. Todos os "pares de opostos" surgem do princípio cósmico de atração e repulsa, que é básico para a vida humana.

A lição final que todos nós devemos aprender é que o bem e o mal, o que defendemos e o que atacamos, não passam de uma ilusão. A verdadeira realidade do eu transcende as atitudes e expressões humanas, que costumam ser "contra" ou "a favor". Sob esse magnífico "*show* de luz" holográfico, somos todos plenos e sagrados. Livres de qualquer *irrealidade* física, mental e emocional, não somos separados, fragmentados, dualísticos.

Você, que não tem amigos nem encontrou o seu amor, aprenderá a inverter essa situação antes de terminar esse livro. Sua vida ficará repleta de sentido e você atrairá namorados e amigos, sem falar, é claro, de sua alma gêmea! *Vá em frente. O universo sempre se adapta e se reorganiza de acordo com a imagem que você faz da realidade!*

A técnica para encontrar sua alma gêmea, descrita no Capítulo 27, já foi usada com sucesso por muitas pessoas.

CAPÍTULO 24

Você Está Pronto Para Encontrar Sua Alma Gêmea?

Quanto mais amamos, mais vivemos. Como seres humanos, a cada momento deparamos com uma escolha psicológica. Essa escolha nos levará em direção à vida ou à morte! Todos nós somos deuses encarnados provisoriamente em formas humanas, e cada um de nós tem dois objetivos principais:

1. A *involução*: explorar nosso mundo interior e amar o nosso corpo, levando-o a uma existência espiritual por meio de um foco espiritual!
2. A *evolução*: pelo amor, transformar nosso corpo humano individualizado em pura existência espiritual, a suprema libertação humana!

Cada vez que odiamos ou rejeitamos quem somos e o que fazemos, aproximamo-nos da morte! Por outro lado, cada vez que amamos e aceitamos quem somos e o que fazemos, seguimos na direção da vida!

Quanto mais amor por si mesmo, mais vida! As lições e regras da divina existência humana não poderiam ser mais simples. É muito fácil compreendê-las e colocá-las em prática. Quando descobrimos o deus que há em nós e passamos a respeitá-lo, fica fácil encontrar e honrar o deus que existe nos outros!

VIVA O MOMENTO

Outra regra importante para ter uma vida plena e feliz na Terra é *viver o momento!* Manter os pensamentos e sentimentos presos ao passado — ou concentrados em planos futuros — significa abandonar temporariamente o corpo. Nesse caso, você optou inadvertidamente por deixar de viver com seu corpo os momentos preciosos e reais do presente! Você saiu em busca de um passado imaginário totalmente ilusório — ou de um futuro que também não é real! A única realidade que de fato existe é o agora. Ele não está no passado morto nem no futuro que ainda não existe. Tanto o passado quanto o futuro são impalpáveis e imaginários.

O TEMPO

O tempo sempre foi o nosso pior inimigo! No entanto, ele não existe da forma como imaginamos. Só o AGORA é real, vivo e palpável. Este momento presente nasceu do passado aparente. Você fará nascer o futuro aparente por meio das escolhas que fizer nesta realidade, no *agora*!

Pense bem! Mesmo que você conseguisse fazer uma viagem para o futuro, ou para o passado — o que aconteceria?

Você continuaria a vê-los da perspectiva do momento que está vivendo agora!

Por mais que se queira escapar do tempo presente, isso é impossível. As experiências científicas provam que não é possível avançar nem retroceder no tempo. Só é possível viver no agora!

Paradoxalmente, o nosso tempo pode se esgotar. Quando isso acontece, deixamos a existência física. Isso não corresponde à morte, pois nós não vamos morrer. Esgotar o tempo significa esgotar o *agora,* que escolhemos ou que nos foi destinado, nosso veículo físico. É uma separação que ocorre no espaço e no tempo.

É por isso que nas experiências de quase-morte ocorre um *flash-back*. Eu tive essa experiência na juventude. Num único momento, todos os pensamentos, sentimentos e ações de minha vida passaram como um filme pela minha consciência. Dezoito anos de atividade na Terra passaram por mim, mas, naquele único momento, tive "tempo" suficiente para ver e analisar cada acontecimento, cheio de idéias e emoções. Examinei e julguei cada um deles classificando-os como escolhas "boas" ou "más". *Mas quem fez os julgamentos foi o deus que existe em mim — e não O Deus!*

Além de rever meus 18 anos de existência aqui no século XX, tive o privilégio de dar uma olhada em duas encarnações anteriores na Terra. Talvez fossem as mais importantes. Em uma das duas, eu era um faraó no Egito, há aproximadamente 3.600 anos. Na outra vida pertinente (pelo menos, para a minha mente curiosa, durante o *flash-back*) eu era um "lama" na antiga Índia, há mais de 10.000 anos! Nos dois *flash-backs*, breves mas surpreendentes, vi apenas os episódios mais significativos das vidas em questão.

Curiosamente, eu me considerei um "fracasso" nas três existências! Foi por esse motivo que voltei, que encontrei o caminho de volta para o meu atual corpo físico: para me dar uma oportunidade de cumprir a importante "missão" que eu tinha outorgado a mim mesmo, com o juramento de cumpri-la na Terra.

Depois dessa experiência de quase-morte, tive certeza de que a encarnação e a reencarnação do espírito em um corpo humano são um fato, e não uma simples teoria.

No meu livro *$ucce$$ Formula*, atualmente esgotado, faço um relato detalhado de minha viagem interior pela "zona morta". Repetirei esse relato no meu próximo livro: *Life in the Dead Zone*.

Por intermédio das experiências de vida (e morte), aprendi a importância de amar a mim mesmo. Tenho agora o hábito de dar muito amor a mim mesmo, assim como aos outros.

Você não pode dar amor de verdade a outra pessoa se não sentir um amor verdadeiro por si mesmo!

Viva no agora! Negligenciar, desperdiçar ou abrir mão de preciosos momentos da vida — mesmo que seja para dedicá-los à pessoa que amamos, a uma ordem religiosa ou a qualquer outra coisa — significa abandonar uma parte de nós mesmos! Viva as suas próprias tramas, tão diversas como as cores do arco-íris, e teça gloriosamente o seu próprio caminho dourado de volta às estrelas!

Que assim seja!

Como você já deve ter percebido, minha intenção é motivá-lo a assumir o comando da sua vida, a se preparar para o encontro com a sua alma gêmea. Ela só vai aparecer se você estiver pronto para ela!

Olhe profundamente no espelho da sua vida. Você é alguém que sua alma gêmea poderá amar? Se é, está pronto para tê-la a seu lado. Se não, comece a trabalhar imediatamente. Escolha as melhores imagens de um corpo humano e de uma alma humana que puder conceber e se espelhe nelas. Isso talvez leve algumas semanas, meses ou anos — mas valerá a pena. No momento certo, você será tudo o que pode ser naquele momento — no nosso eterno agora. Continue se aperfeiçoando diariamente para se tornar alguém melhor que seu dia chegará... Você terá mostrado a si mesmo e à sua alma gêmea que está realmente pronto — e então, de repente, ela aparecerá!

CAPÍTULO 25

A Magia do Toque

O toque carinhoso é muito importante, tanto para os seres humanos quanto para os animais. De acordo com estudos científicos, os filhotes de macacos que são acariciados pela mãe, verdadeira ou adotiva, tornam-se adultos mais felizes, mais saudáveis e mais sociáveis! Eles crescem mais, têm mais resistência às doenças e se recuperam mais rápido em casos de ferimentos.

Várias experiências feitas em berçários apresentaram resultados semelhantes. Os bebês que recebem mais carinho das enfermeiras choram menos e têm menos problemas de crescimento. Com certeza não só os bebês e as crianças pequenas são sensíveis à magia de um toque carinhoso; os adultos também são. Você costuma ser tocado com carinho?

Infelizmente, nos Estados Unidos, na Inglaterra e em outras rígidas culturas ocidentais, acariciar uma criança leva pessoas ignorantes a supor que se trata de um caso de "abuso".

Essa ignorância priva as crianças e os adolescentes do Ocidente da energia mais maravilhosa e saudável que poderiam sentir e absorver — o toque carinhoso dos pais!

Nas culturas orientais, os bebês são abraçados e acariciados, assim como as crianças e os adolescentes. Não há nisso nenhuma conotação sexual. Os orientais sabem por experiência própria que o carinho dos pais dá, às crianças e aos adolescentes, a certeza de seu amor. Assim, passaram a rica herança do toque carinhoso para seus filhos. Nós, ocidentais, não sabemos o que estamos perdendo e o que está sendo negado a nossas crianças, privadas de manifestações de amor!

As famílias orientais que se mudam para os Estados Unidos, ou para outro país do Ocidente, não sabem que beijar, abraçar e acariciar crianças, em público ou não, é algo que causa horror e suspeita na maioria dos membros da nossa sociedade. Há o caso de uma família do Paquistão que foi vitimada de maneira terrível pela nossa ignorância.

Vi, num noticiário de televisão, uma reportagem sobre essa família — pai, mãe e um casal de filhos — que vivia numa cidade do Texas. À custa de muito trabalho, o casal tinha conseguido montar uma pizzaria. Tinham se tornado cidadãos americanos e eram muito respeitados e amados na comunidade. A família continuou fiel à própria religião, praticando diariamente os rituais e preces dos muçulmanos.

Um dia, porém, quando a família inteira foi a um jogo de basquete na região, a vida deles se transformou num inferno. Outros espectadores do jogo viram que o pai abraçava, acariciava e beijava a filha. Ficaram horrorizados! Em sua ignorância de ocidentais, acharam que, além de molestar crianças, aquele homem tinha a coragem de "fazer isso" em público, diante da família e de uma multidão de testemunhas!

Assim, um ou vários espectadores o denunciaram às autoridades do Texas, por estar "molestando uma criança". Sem sequer entender direito o que estava acontecendo, o pai foi preso, julgado, considerado culpado pelo júri, e condenado à prisão. O advogado apelou, juntou mais evidências e acabou provando que o pai era inocente. Ele foi libertado.

Mas, enquanto isso, o órgão de serviço social envolvido no caso tinha conseguido retirar do casal a custódia dos dois filhos, que acabaram sendo adotados por famílias de fé *cristã!* Assim, além de serem afastadas injustamente dos pais (que eram muçulmanos muito religiosos), as crianças estavam sendo criadas numa religião totalmente estranha! Por incrível que pareça, mesmo depois que ficou provado, além de qualquer dúvida, que o pai era inocente, o Estado do Texas não devolveu aos pais a guarda dos filhos. A advogada que representava as autoridades do Texas disse, numa entrevista para um programa de televisão, que famílias já tinham adotado as duas crianças e que infelizmente a adoção é irrevogável. *Mas que atrocidade!* A América é isso?

No entanto, vi outra reportagem sobre casos de crianças que foram retiradas pelas autoridades de seus pais adotivos (que já os tinham adotado há mais de cinco ou dez anos). Partindo de argumentos frontalmente opostos nesse caso, as autoridades afirmavam que a custódia das crianças deve ser sempre dos pais *biológicos*. Em ambas as situações, isso é o que se pode chamar de caricatura da justiça.

Ao longo desse processo absurdamente injusto, o casal do Paquistão precisou pagar taxas e honorários aos advogados. As despesas foram tantas, que acabaram perdendo o negócio que tinham levado anos para ter em sua amada terra adotiva. Na última entrevista, os dois estavam tristes e amargurados, lutando ainda para recuperar a custódia dos filhos.

Que tristeza, que injustiça! Talvez você, ou algum outro leitor, tenha condições de fazer alguma coisa que contribua para a revogação das leis do Texas, leis que permitem que esse casal, pais carinhosos e responsáveis, passe por esse sofrimento injustificável. Nós, pais do Ocidente, temos muito a aprender sobre o imenso valor social e familiar do carinho entre pais e filhos.

Por que o toque é tão eficaz?

A resposta está, em parte, na pele, o órgão mais sensível que temos, além de ser o maior. A pele é cheia de nervos extremamente sensíveis, que captam até o toque de um mosquitinho ou de uma pulga.

Essa ampla rede de nervos envia, para cada célula do corpo, sinais elétricos que transmitem mensagens de prazer ou dor. Não são só os gatos e os cachorros que gostam de carinho. Nós também gostamos, especialmente quando o toque transmite uma mensagem de amor e de sincera consideração pelo que somos!

O toque humano é uma bênção que deve ser cultivada. Não devemos ter medo de fazer carinho, achando que o toque físico pode assumir conotações sexuais aos olhos dos nossos filhos ou pessoas queridas — ou dos espectadores mais próximos! Tampouco é o toque humano algo que mereça ser tratado com sarcasmo.

O que levou a nossa civilização ocidental, tão arrogante e orgulhosa de sua ciência e de sua tecnologia espacial, a se distanciar tanto da natureza? As razões são muitas.

Talvez, nesta sociedade mecanicista e extremamente materialista, tenhamos perdido algumas das características e valores humanos mais importantes. Parece até que os valores humanos são a coisa mais depreciada da Terra! Quase tudo o que é necessário à sobrevivência no nosso ambiente poluído é valorizado a cada dia, enquanto os valores humanos perdem cada vez mais a importância. O valor da vida humana é relegado ao segundo plano e o verdadeiro caráter humano parece ter sido quase que totalmente esquecido pela sociedade ocidental. A responsabilidade por si mesmo e a palavra de honra não existem mais. Em seu lugar surgiu a "ética situacional" ou "humanismo" (uma denominação um tanto imprópria!). Vale tudo! Os fins justificam os meios!

Mas tudo tem um limite. Como deuses conscientes e inteligentes, sabemos que já é hora de gritar "chega!" Já chega, para nós e para as nossas crianças!

Toquem em seus filhos! Acariciem seus filhos! Sintam seus filhos! Não com luxúria, mas com amor! Toque na sua mulher, no seu marido, na pessoa que você ama, na sua alma gêmea. Toque-os todos com amor humano, simples e natural — o mesmo tipo de amor puro que o pai paquistanês dava à filha!

Tocar não é crime! É a maior sensação ou sentimento de amor — no nível mundano e biológico — que nossos sensíveis corpos humanos conhecerão, especialmente quando se trata de um gesto incondicional. Você oferece o seu toque humano sagrado porque gosta, e não pelo que vai receber em troca!

Faça isso hoje mesmo. Faça carinho no seu filho, toque-o. Deixe que ele se sinta seguro, sabendo que você realmente se preocupa com o bem-estar dele. Toque no seu marido, na sua mulher ou na sua alma gêmea. Toque nas mãos, nos braços, no rosto das pessoas que você ama! Deixe que elas saibam o quanto você gosta de estar perto delas. Sua alma gêmea vai querer tocá-lo, acariciá-lo e deixar bem claro o quanto ela o ama!

Toque o próprio corpo, não com luxúria, mas com imensa consideração, sabendo que ele estará ali sempre que você precisar! Ponha a mão ou o braço sobre os ombros dos amigos mais próximos. Isso vai fortalecer ainda mais o vínculo da amizade!

Os cientistas já descobriram que a massagem estimula a

produção de muco no organismo, ajudando a purificar o corpo e a melhorar a saúde. Seja ela feita por um especialista ou por um amador, a massagem ajuda a eliminar o *stress* físico e até mental. Um bom massagista tem um "bom toque".

Mas comece imediatamente. Toque a si mesmo e aqueles que ama. Eu aposto que até um pequenino dente-de-leão perdido num campo na primavera fica todo "arrepiado" quando você o encontra e o admira com amor!

CAPÍTULO 26

Deixe o Passado Para Trás

Os fardos mais pesados do nosso dia-a-dia são as culpas e os arrependimentos, gerados pela atual "consciência social" ou por fatores genéticos. Vamos considerar primeiro a consciência social. A vibração da energia emitida pela culpa que o ser humano sente é a mais antiga e a mais forte vibração da Terra. A culpa nos afeta antes mesmo de nascermos, por meio dos nossos genes. Depois do nascimento, precisamos atravessar o invólucro pesado e escuro da consciência social que envolve a nossa existência planetária.

AS "ORDENS"

Há bilhões e bilhões de células de culpa e de arrependimento no DNA e nos genes. Além disso, ouvimos dia e noite o que devemos ou não devemos fazer, geralmente ditos por pessoas bem-intencionadas, mas ignorantes: nossos pais, pessoas que se sentem responsáveis por nós e conselheiros de todos os tipos. As ordens e os palpites vão se amontoando, como louça suja, à nossa volta.

As pessoas que vivem nos dizendo o que devemos ou não devemos fazer deveriam sentir esse fedor, mas não sentem. Afinal, pais, amigos, "autoridades" e até estranhos impuseram sobre elas os seus "deveres".

No entanto, alguém precisa acordar e dizer: "Vá cuidar da sua vida!" ou "Eu não gosto que você fique me dizendo o que eu devo ou não devo fazer".

Mesmo que você continue a receber ordens, não é preciso aceitá-las! Ignore-as, pois, afinal, você já avisou que não precisa delas! Depois, siga a sua vida, da maneira que preferir. Se você optar por viver a própria vida (da maneira que deseja), ninguém poderá vivê-la por você — por mais que tentem determinar o que é melhor para você.

AS SUGESTÕES

As sugestões são diferentes das ordens. A ordem não dá margem para a escolha, ao passo que a sugestão respeita o livre-arbítrio. Por isso, leve em conta todas as sugestões e ignore todas as ordens. Assim, a vida voltará a ficar cheia de alegria e você cultivará seu amor-próprio.

Ignore as ordens e, com elas, a energia negativa de culpa que tentam lhe impor! A culpa o priva do sucesso, pois faz você sentir que não merece alcançar metas elevadas ou ter seus próprios ideais. A pessoa que sente culpa ou se desvaloriza pode até chegar perto do sucesso, pode até mesmo tê-lo nas mãos por alguns momentos, mas vai perdê-lo quando o subconsciente lhe disser que não merece aquele sucesso.

A culpa vem sendo usada há milênios como instrumento

de controle das massas pelos detentores do poder — a religião ou o governo. A "atmosfera" de culpa pesa tanto sobre a Terra que dá quase para cortá-la com uma faca! Estamos enterrados nela, vivemos submersos em culpa todos os dias de nossa vida. Ela sufoca o amor e o apreço por si mesmo, e fomenta a necessidade de autopunição e de autodepreciação.

A culpa nunca trabalha a seu favor, mas contra você. A pessoa sensata deixa para trás os fardos de culpa. Depois, é como andar nas nuvens!

OS ARREPENDIMENTOS

O arrependimento também arrasta você para baixo como uma âncora; mas ele também pode ser detectado e deixado para trás. Cada arrependimento significa uma *lição de vida que não foi aprendida,* uma experiência de vida que não se tornou sua. Quando você vai começar a se apossar das lições de sua vida?

Esses dois fatores importantes de inibição e repressão, a culpa e o arrependimento, perdem o poder sobre a existência física e consciente (mental) quando são expostos à nova luz do conhecimento. A luz afasta a escuridão!

Quando você compreender a causa ou a fonte das falsas culpas e dos falsos arrependimentos, você poderá optar por — de maneira consciente e ponderada — ignorá-las. Assim, ficará livre do grande fardo de culpas e arrependimentos que tanto o limitam.

Quando você compreender que a culpa e o arrependimento não têm valor nenhum, eles não dominarão mais o seu corpo e a sua mente.

EU DEVERIA

A carga pessoal do "eu deveria" pertence, em parte, à categoria do arrependimento. Este e o "deveria" sempre chegam atrasados. A vida não pára... O passado já está indelevelmente gravado, como registro permanente, na alma. A solução mais sensata é simplesmente reverter seu arrependimento. Pare de se arrepender das experiências passadas, insignificantes ou não. Pare de considerá-las como "fracassos".

Eleve sua *perspectiva*. Reconsidere seus erros, encarando-os como valiosas lições de vida. São lições importantes, que lhe mostram o que poderia ter sido feito. Isso literalmente transforma todo arrependimento, ou cada momento em que você pensa "eu deveria," numa brilhante "pérola de sabedoria". Em vez de arrastar atrás de você aquela âncora pesada, com aquela corrente enferrujada e barulhenta, você logo estará usando um belo "colar de vida" incrustado de pérolas.

Agora, sente-se ou deite-se, e desenterre cada arrependimento malcheiroso e mofado que já teve na vida. Enfrente, compreenda e elimine cada um deles! Compreenda que você simplesmente agiu de boa fé, na busca inocente de seu eu divino.

Veja cada arrependimento como uma lição aprendida — e abandone-o para sempre. Recomendo também que, no final de cada dia, antes de dormir, você agradeça pelo dia e diga sinceramente a si mesmo: "Não me arrependo de nada do que fiz hoje!"

Se alguma coisa parecida com um arrependimento surgir na sua mente, transforme-a o mais depressa possível numa pérola e aumente seu colar de sabedoria. Você vai dormir como um bebê e vai ter o amor de sua alma gêmea.

Até agora, abordamos as culpas e os arrependimentos do ponto de vista espiritual ou da consciência. Considere agora essas questões do ponto de vista da física. Lembre-se de que mais de 20 bilhões de ancestrais cheios de culpas e arrependimentos vivem agora em todas as células de seu corpo.

Os sentimentos de culpa estão impressos nos genes e no DNA, mas é a configuração dos genes dos ancestrais que vai determinar quanto desses sentimentos está acumulado no corpo e na mente. As últimas sete gerações de ancestrais são as que mais afetam e controlam sua química. Se as últimas três gerações estavam cheias de culpa, então você tem a tendência a se sentir culpado. Se a sucessão das últimas três gerações era razoavelmente livre de culpa, então você tende a não sentir tanta culpa. Se for este o seu caso, agradeça! Se não, nem tudo está perdido. Afinal, você não é culpado só porque pensa ou acha que é!

Repito: se um sentimento de culpa ou arrependimento surgir das profundezas do seu ser, enfrente-o, compreenda-o e apague-o! Cabe totalmente a você escolher *conscientemente* e determinar o que pode viver em você!

Ao aceitar a culpa genética transmitida pelos ancestrais ou pela consciência social, você abre mão do controle e do poder sobre a própria vida. Você abre mão de um precioso momento da vida e revive a culpa ou arrependimento que lhe foi imposto internamente por um ancestral ou externamente por alguma "autoridade" ou "mecanismo de controle".

Pergunte a si mesmo, a cada momento da vida: "O que eu quero?" Ouça e siga o seu espírito sem hesitar. Quando realmente souber quem é e o que é, aquilo que você deseja será totalmente seu, sem qualquer vestígio ou traço de culpa ou de arrependimento — ou do fantasma de um "deveria". Todas as culpas e arrependimentos do passado desaparecerão. O falso peso do mundo sairá de seus ombros e seu espírito voará livremente. É isso o que acontece quando deixamos para trás o passado.

Eu já consegui fazer isso; portanto, *você também conseguirá*! Sua alma gêmea vai apreciar cada uma das suas vitórias. Ela vai espelhar suas qualidades espirituais, conquistadas com tanto esforço.

Ouça! *Sua alma gêmea está chamando!*

CAPÍTULO 27

Técnicas Para Encontrar Sua Alma Gêmea

Eu recebo um sem-número de telefonemas, cartas e até mesmo sorrisos e apertos de mão de pessoas, principalmente casais, que me agradecem efusivamente pelo meu último livro, *Como Encontrar sua Alma Gêmea*. São pessoas que seguiram as sugestões e técnicas apresentadas no livro para atrair com sucesso um ao outro — ou para fazer com que suas almas gêmeas entrassem definitivamente em suas vidas!

Incluí nesse livro uma carta de agradecimento de um desses casais de almas gêmeas. Eles escrevem que um deles usou as técnicas que sugeri para desencadear a seqüência de acontecimentos que os levou um aos braços do outro! Ao longo dos anos, continuei "em contato" com eles, que agora são meus amigos.

Neste livro, volto a apresentar algumas dessas técnicas e acrescento outras inéditas. Além das técnicas de manifestação, cuidadosamente testadas ao longo dos anos, incluo aqui os "Onze Estágios Mágicos, publicados no meu livro *$ucce$$ Formula*. Assim, da mesma forma que o afortunado casal de almas gêmeas, vocês dois poderão, juntos ou individualmente, usar essa técnica para realizar os mais antigos desejos e os sonhos mais ousados!

Além da comprovada "fórmula" de sucesso, apresento esses eficazes "Onze Estágios Mágicos" na mesma seqüência que usei no livro anterior.

É importante observar que esses estágios devem ser usados em sincronismo, todos de uma vez, embora eu os descreva um a um, apresentando ao leitor os mecanismos de cada um deles. Usando-os corretamente, você fará um notável avanço, um grande progresso consciente, na direção do seu desejo.

Primeiro Estágio

O primeiro estágio é a AUTO-IMAGEM. Qualquer esforço para conseguir sucesso estará fadado ao fracasso se você não tiver amor e apreço — sentidos com clareza — por quem e pelo que você é! É por isso que esse estágio encabeça a lista. Afinal, quem se acha indigno de atrair uma alma gêmea e de ter seu amor, para que faria qualquer tentativa no sentido de encontrá-la? Seria uma perda de tempo!

Se você sente que sua auto-imagem está em baixa, encare esse fato e descubra suas causas. Freqüentemente, é a ignorância que faz com que nossa auto-imagem seja triste, irreal e falsa. Você não é fracassado nem indigno só porque era essa a opinião de seus pais, de algum professor, de um padre ou de qualquer outra "autoridade" ignorante. Isso significa apenas que você está se identificando com a personalidade ou com um dos muitos egos defensivos, e não com o eu-deus sagrado.

Leve o tempo que for preciso para ler, aconselhar-se e

fazer o que for necessário para descobrir tudo o que puder sobre sua identidade interior. Ela está sempre presente, e vale a pena confiar nela e amá-la. Quando concluir o primeiro estágio, passe para os seguintes.

Segundo Estágio

O segundo estágio é o PODER DO DESEJO. Como já foi mencionado em outros capítulos deste livro, nenhuma criação individual pode chegar a uma "materialização" tridimensional elétrica ou à realização sem que haja um forte desejo do criador! Esse desejo deve ser soberano na sua mente, tão forte que você consegue até "sentir o gosto" daquilo que deseja! Isso cabe só a você! Só você pode fazer uma pausa, dando-se condições para ver e sentir o que mais deseja na vida! Você quer tanto assim sua alma gêmea? Se quer, ela vai sentir seu desejo! Vá em frente!

Terceiro Estágio

O terceiro estágio é ESCREVER. Nenhum empreiteiro sensato começaria a construir um prédio, ou mesmo uma modesta casinha de dois quartos, sem uma planta. Portanto, coloque tudo no papel. Isso dará mais consistência ao seu desejo de encontrar sua alma gêmea. Afirme, por escrito, que ela entrará na órbita de seu cotidiano mais ou menos em determinada época.

O Universo levará em conta essa declaração por escrito. Ele sabe que não se trata de uma vaga esperança, pois parece que, desta vez, você está falando sério! O fato de você escrever confere massa ou substância ao seu desejo. É como imprimir na realidade a sua marca pessoal.

Não subestime o poder do ato de escrever. Ele faz com que sinais químicos sejam imediatamente enviados a todo o seu corpo. É algo muito diferente de sonhar acordado, quando imaginamos situações fantásticas, mas nunca realizáveis. As forças conscientes e subconscientes estão agora "alertas", percebendo que você leva realmente a sério esse "sonho". Sua maneira de agir demonstrou que você realmente pretende transformá-lo em realidade tridimensional. Como seu corpo já conhece a lei universal — "a ação leva à ação" — ele vai enviar sinais a todos os sistemas físicos, para que o ajudem a seguir na direção desejada.

Muitas pessoas deixam de lado esse estágio por desconhecer sua importância, mas depois não conseguem realizar seu desejo. Um caso ocorrido com uma antiga paciente minha, chamada Maria, é um bom exemplo disso. Maria sempre falava de problemas pessoais, urgentes e aborrecidos, que a pressionavam. Sugeri que lesse meu livro *$ucce$$ Formula* e depois seguisse os Onze Estágios Mágicos.

Porém, Maria não estava disposta a deixar de lado seus problemas com tanta facilidade.

"Não vai adiantar", replicou Maria. "Folheei o seu livro na outra noite. Mas fui educada segundo os princípios do cristianismo científico." E ainda acrescentou, pretensiosamente: "Penso em coisas boas o tempo todo e sempre espero que aconteçam."

Isso obviamente não me convenceu, e resolvi ir até o fundo do problema.

"Maria, isso não significa que você esteja seguindo todos os estágios necessários. Você anota por escrito os seus desejos?" Eu fiz essa pergunta intuitivamente.

Maria hesitou. "Não... mas penso de modo positivo o tempo todo."

Eu a olhei bem nos olhos. "Maria, escreva tudo — releia

meu livro e siga todos os outros estágios se quiser que a fórmula do sucesso funcione!"

Forçada a admitir que não seguira todos os estágios sugeridos, Maria disse que tentaria.

Na noite seguinte ela me telefonou.

"Michael", disse ela sem fôlego. "Adivinhe só!"

"O que foi?"

"Funcionou!"

"O que foi que funcionou?"

"Anotar tudo! Fiz tudo como prometi. Anotei por escrito os três problemas mais urgentes que precisava resolver imediatamente. Não faz nem seis horas, e os dois primeiros já se resolveram! E o terceiro já está se resolvendo! Que maravilha!" A alegria transparecia na sua voz.

"Que bom, Maria! Obrigado por me contar! Eu gosto desse tipo de retorno."

Dias depois, Maria me contou quais os problemas que colocara em sua lista: (1) necessidade urgente de dinheiro extra; (2) encontrar um bom apartamento para o filho (relacionado com o primeiro problema); (3) conseguir um emprego que lhe possibilitasse trabalhar no que gostava.

Fico feliz em poder dizer que seu terceiro desejo também se transformou em realidade tridimensional menos de duas semanas depois.

Essa situação revela que pensar e saber são duas coisas diferentes, assim como saber e agir. Aja! Anote por escrito seus desejos!

Quarto Estágio

O quarto estágio é DÊ TEMPO AO TEMPO. O universo ou mundo à sua volta aparentemente está "estabelecido", está assentado numa determinada configuração espaço-temporal. Assim, para mudar as coisas é preciso energia e esforço pessoal, além de respeito pela demora inevitável.

No entanto, como você já conta com a base de uma boa auto-imagem e sabe exatamente o que deseja — e já anotou por escrito tudo o que você tanto quer — seu desejo já foi posto em movimento! Sua tarefa agora é guiar esse desejo na direção de uma manifestação espaço-temporal específica. É preciso saber quanta fé você tem agora, se ela é suficiente para produzir uma materialização instantânea, bem diante de seus olhos (e dos olhos dos outros). Ou será que vai levar algum tempo? Nesse caso, esse tempo depende totalmente de sua fé. Vai levar um dia, uma semana, um mês, meio ano ou vários anos? Essa resposta só existe dentro de você, pois é a sua fé que determina o tempo que sua alma gêmea vai levar para aparecer.

É preciso que você seja absolutamente sincero consigo mesmo em relação a isso. Você não pode escrever que vai levar três dias para que o seu desejo se realize se no fundo não acredita nisso. Se você sente que é mais correto afirmar que vai levar três meses ou um ano, é isso que deve escrever.

Em menos de seis meses, passei da mais abjeta pobreza a uma situação em que me foi possível comprar uma casa (e um *Cadillac*) e começar a estruturar uma nova carreira com altos rendimentos; mas, na ocasião, eu sabia que conseguiria tudo isso nesse espaço de tempo! Se eu tivesse escrito um mês ou três meses, meu raciocínio cerebral concreto e meu sentimento visceral de fé não teriam me apoiado. Meu desejo se transformou em realidade tridimensional porque eu acreditava, absolutamente, que em seis meses conseguiria fazer a minha transição econômica, de nada (do zero) a alguma coisa! Você também consegue! Sinta quanto tempo vai levar para que seu desejo seja realizado e, depois, deixe que os "Onze Estágios Mágicos" o ajudem.

Um outro caso que aconteceu comigo pode ajudar a esclarecer o mecanismo desse estágio. Mais ou menos na época em que meu livro *$ucce$$ Formula* atingiu a marca de cem mil exemplares vendidos, uma leitora veio me consultar pessoalmente. Defini para ela nossa configuração sétupla: espírito, alma, personalidade, corpo mental, corpo emocional, corpo astral e corpo físico. Eu a fiz perceber por que agia da maneira como agia, e o que poderia fazer para gerar a "força de radiação" correta, conseguindo assim resolver vários pontos de desequilíbrio.

Depois da consulta, a mulher me agradeceu pelas sugestões e ainda acrescentou que esperava há muito tempo para me agradecer pessoalmente pelos benefícios que meu livro *$ucce$$ Formula* tinha lhe trazido. Disse que tinha usado os Onze Estágios Mágicos e que, *em uma semana,* seu desejo tinha se tornado realidade! Curioso, pedi a ela que me contasse como isso acontecera.

Ela contou que na época em que leu o livro precisava de cinco mil dólares com muita urgência. Por isso, resolveu colocar em ação todos os estágios ao mesmo tempo e conseguiu o dinheiro! Como? Ela não só anotou por escrito o que queria e seguiu todos os estágios, como também usou uma técnica eficaz de visualização. Visualizou cédulas de cem dólares e a caixa do banco. Depois, imaginou-se entrando no banco, entregando ao caixa um cheque e dizendo: "Por favor, me dê cinco mil dólares!" Depois, contou mentalmente a pilha de 50 notas de 100 dólares, pegou o dinheiro com um sorriso, colocou-o na bolsa e saiu do banco. Uau! Poderoso!

Ela repetiu esse procedimento de visualização mental diariamente, três vezes por dia, com toda a emoção que conseguiu reunir, e logo começou a sentir que algo estava realmente acontecendo. Pois cinco dias depois, bem a tempo de resolver seu problema, recebeu uma carta de um tio que ela não via há anos. Abriu o envelope, curiosa. Dentro, havia um cheque de cinco mil dólares com um bilhete. Sentindo-se velho e doente, o tio resolvera dividir seus bens entre amigos e parentes antes de morrer. Meus avós (por parte de pai) tinham feito a mesma coisa quando eu era menino! Ainda lembro da emoção de receber um cheque de U$ 500! Meu irmão caçula e meus quatro irmãos mais velhos também receberam cheques de U$ 500. Assim, a história daquela mulher me pareceu muito familiar. Agradeci a ela por ter partilhado comigo sua história de sucesso e ela seguiu seu caminho.

Ao refletir sobre esse caso, senti admiração pela fé da mulher. Eu levara seis meses para realizar o meu desejo. Ela levou apenas uma semana! Minha aluna tinha me superado e fiquei orgulhoso por isso, sentindo que fora um bom professor.

De repente, um pensamento notável e estimulante tomou conta de mim! Bem que eu também precisava de cinco mil dólares extras para tocar um projeto que eu tinha em mente.

Para encurtar o assunto: usando a mesma técnica de visualização (ensinada pela minha aluna — agora minha instrutora), eu também consegui um cheque de U$ 5.000! Esse cheque veio dentro de um envelope, enviado por uma pessoa que eu conhecera havia poucos dias. Fui ao banco, descontei o cheque e contei o dinheiro diante do caixa, exatamente como tinha visualizado. Então, coloquei o dinheiro na carteira (e no meu projeto) e agradeci a todos os envolvidos!

Quinto Estágio

O quinto estágio é ABENÇOAR. Você precisa ter a certeza de que o seu desejo é uma bênção para todos os envolvidos, pois isso o colocará automaticamente na posição de dizer: "*Que assim seja!*" É preciso saber, sem sombra de dúvidas, que a realização de seu desejo não beneficia apenas a você, mas a todos. Seja qual for o desejo, a esperança ou a expectativa, personalize-o com a mais elevada bênção para todos os envolvidos na realização desse sonho. Abençoe-os e abençoe a si mesmo!

Sexto Estágio

O sexto estágio é VISUALIZAR. Veja a materialização do seu desejo com a mesma clareza da minha cliente que se viu contando suas cinqüenta notas de cem dólares. Quanto mais clara tornar essa imagem, mais poder dará à realização do desejo. A natureza percorre três estágios descendentes, do pensamento até sua realização no mundo tridimensional. O pensamento "desce" (ou parte) da idéia (1) para o ideal (2) para o Ídolo (3). Nesse terceiro estágio, uma realidade zero já se transformou numa materialização concreta em três dimensões.

Nesse estágio, você faz o que todos os criadores fazem ao criar: você vê o *fim* a partir do *começo*. Ao visualizar sua alma gêmea, procure ver com detalhes sua aparência e sua forma de pensar e de agir. Observe se ela tem olhos castanhos ou azuis, cabelo ruivo, se é baixa ou alta. Acrescente tudo o que deseja e elimine o que não quer! No momento, ela é apenas a sua criação e o seu desejo. Por isso, mais ninguém pode fazer isso por você!

Para fazer uma analogia com esse processo, imagine-se tirando uma cópia de uma carta que escreveu. A máquina só pode copiar o que você colocou na carta, nem a mais nem a menos. Pois imagine que o universo é uma copiadora gigante, pronta a imprimir todas as coisas que você imagina.

É exatamente assim que acontecem as mudanças. O universo se reorganiza, a cada momento, para criar a imagem que você faz da realidade! Quem compreende essa verdade mantém sempre uma boa imagem de si mesmo para qualquer relacionamento futuro.

Sua "tarefa" é muito fácil. Basta saber o que você quer e formar o quadro mais claro possível do "resultado final". O universo começa então a trabalhar para transformar esse desejo em realidade. Vamos ampliar este ponto no Oitavo Estágio.

Sétimo Estágio

O sétimo estágio é CORTAR O CORDÃO. Já mencionamos esse princípio em outra parte deste livro. Neste estágio, você simplesmente *abandona* a visualização e a intensa concentração no desejo. Você se desconcentra! Você abandona o universo elétrico tridimensional, confiando plenamente que o profundo desejo de encontrar sua alma gêmea vai se transformar em realidade absoluta.

Se mantiver na aura essa "forma-pensamento" do desejo, ela pode tomar conta de você. Ela pode obcecá-lo ou possuí-lo! É assim que se formam as "idéias fixas".

Quando nasce um bebê, a parteira ou a enfermeira cortam o cordão umbilical. Pois faça o mesmo ao parir o seu desejo. Focalize-o com todo o seu poder várias vezes ao dia. Para obter os melhores resultados, faça a visualização sempre à mesma hora. Esqueça então o desejo e continue alegremente o dia-a-dia. A natureza sabe o que faz!

Oitavo Estágio

O oitavo estágio é DEIXE A NATUREZA AGIR. Para você ou para mim, é difícil imaginar uma meia dúzia de situações que viabilizem o aparecimento da alma gêmea. Essa dificuldade existe porque costumamos pensar conforme o princípio do "ou isso ou aquilo", o que é um grande erro. A natureza, no entanto, tem inúmeras maneiras de imprimir o significado correto ao acontecimento viável.

Assim, sua única tarefa continua sendo conhecer seu desejo, passar pelos Onze Estágios Mágicos e depois deixar que a natureza, ou o universo, se reorganize e se adapte à imagem que agora você faz da realidade. Basta que você focalize a *solução*, não o *problema*. O universo se limita a dar-lhe mais daquilo que você focaliza, pois ele não faz julgamentos sobre o que é bom ou mau. Ele simplesmente faz o que o Criador ordenou: que preenchesse os novos espaços de realidade, que você e eu criamos, com novas "órbitas" de atividade ou realidade. Enquanto ruminamos e especulamos um punhado de possibilidades, a natureza conhece todas elas. A natureza sabe o que tirar e o que pôr para manter o equilíbrio. Quanto a nós, basta que saibamos verdadeiramente o que desejamos!

Nono Estágio

O nono estágio é CULTIVAR A FÉ. Recomendo que você leia todas as "histórias de sucesso" que encontrar. Outra fonte de bons exemplos são as biografias que passam na televisão.

Além disso, se um pouco de fé, pequena como uma semente de mostarda, realiza milagres, pode-se supor que, quanto maior a fé, maior o "poder para fazer milagres".

Aos 18 anos, quando tive a minha experiência de quase-morte, revi o meu passado, uma realidade aparentemente concreta e tridimensional, e compreendi que o mundo físico que deixara para trás era um *sonho*! Ele tinha sido criado exclusivamente pela fé! Depois disso provei, além de qualquer dúvida, que é possível reunir fé e usá-la para criar milagres! Você também consegue.

Aumente a sua fé, acredite de verdade que sua alma gêmea estará com você quando você quiser, segurando sua mão, acariciando docemente seu rosto, dançando com você na sala de sua casa.

Veja! Sinta! A fé literalmente move montanhas. A fé é necessária na realização de qualquer desejo! Há um princípio universal que vale sempre: *o que é absoluto é absoluto*. Tenha fé no absoluto, e sua alma gêmea estará em seus braços no momento desejado.

Décimo Estágio

O décimo estágio é SER FORTE. Falamos, anteriormente, de como a intensidade é importante. Não é possível jogar uma bola para cima sem usar um impulso maior do que o da força da gravidade. Quanto mais forte o impulso, mais a bola se ergue acima da gravidade da Terra. Isso significa que, quanto mais forte o impulso em direção à alma gêmea, mais garantido será o sucesso!

É por isso que algumas de nossas idéias se realizam e outras não. A diferença está no grau de força da nossa determinação. Foi a forte determinação mental, emocional e física que havia por trás das idéias materializadas que as transformaram num espaço vivo na órbita da nossa realidade.

Por que desperdiçar tempo e esforço desejando sua alma gêmea se você não está disposto a colocar no desejo uma intensidade que vive, pensa e respira? Por isso, gere a força necessária para realizar o desejo de trazer sua alma gêmea até você! Seja forte!

Décimo Primeiro Estágio

O décimo primeiro estágio é PRESERVAR O SILÊNCIO. Você logo perceberá que os amigos e pessoas queridas são os primeiros a querer segurá-lo onde você está. Eles querem que você continue aí mesmo, pois não conseguem sequer imaginá-lo sob uma luz diferente. Por isso, não fale nada sobre sua alma gêmea e sobre esses Onze Estágios Mágicos. Se contar a outra pessoa sobre o seu desejo, estará correndo o risco de estragar tudo, pois ela vai tentar provar-lhe que é tudo impossível.

"Não atire pérolas aos porcos", ou seja, não ponha aquilo que é importante para você nas mãos dos que não conseguem apreciar o seu desejo.

Qualquer sábio lhe diria para preservar o "silêncio oculto", ou seja, para manter oculta a sua meta. Assim, você poderá realizá-la antes que pessoas de má índole a vejam e tentem detê-lo. Na guerra, o general faz o possível para impedir que seus planos secretos sejam descobertos pelos inimigos. Em vez de falar agora, veja-se no futuro, contando aos outros como conseguiu realizar seu desejo — e não quais são seus planos para realizá-lo! Não basta já no início visualizar o fim: é preciso esperar até o fim para revelar como tudo começou.

Isso não significa que você não possa falar aos outros sobre a existência destes Onze Estágios Mágicos. A escolha é sua, mas não fique falando que está prestes a atrair a sua alma gêmea. Preserve esse silêncio sagrado!

Segue-se uma lista dos Onze Estágios Mágicos, para que você possa revê-los com facilidade:

Onze Estágios Mágicos

Primeiro Estágio Mágico — AUTO-IMAGEM
Segundo Estágio Mágico — PODER DO DESEJO
Terceiro Estágio Mágico — ANOTAR
Quarto Estágio Mágico — DAR TEMPO AO TEMPO
Quinto Estágio Mágico — ABENÇOAR
Sexto Estágio Mágico — VISUALIZAR
Sétimo Estágio Mágico — CORTAR O CORDÃO
Oitavo Estágio Mágico — DEIXAR A NATUREZA AGIR
Décimo Estágio Mágico — SER FORTE
Décimo Primeiro Estágio Mágico — PRESERVAR O SILÊNCIO

Esses Onze Estágios Mágicos estão à sua espera. Ao colocá-los em prática, você atrairá sua alma gêmea. Que isso aconteça logo! E que seu doce relacionamento entre almas gêmeas seja uma bênção para todos os que forem tocados pela sua presença alegre e cheia de amor!

CAPÍTULO 28

A Técnica da Auto-Sugestão Durante o Sono

A auto-sugestão é, ao que me parece, o melhor instrumento terapêutico que conhecemos. As agências de propaganda nos bombardeiam diariamente com sugestões, sutis ou não, pois conhecem o valor da repetição contínua e persistente. Quando a sugestão ou a auto-sugestão "surte efeito", ela nos impele à ação necessária para colocá-la em prática.

A hipnose, a auto-hipnose e a auto-sugestão envolvem, basicamente, uma técnica de "indução" semelhante, que condiciona uma reação por parte de quem é colocado nessa realidade alterada ou nesse estado de transe. Quanto mais profunda a alteração da realidade, ou estado de transe, maior a probabilidade da sugestão ser aceita e seguida.

Quem já leu *Como encontrar sua alma gêmea*, meu primeiro *best-seller* nesta área, sabe que eu primeiramente encontrei minha alma gêmea em *sonho*! Faço no livro um relato pormenorizado de nossos encontros em sonho, antes do encontro físico. Os encontros e a união apaixonada de corpo, da mente e do espírito que ocorriam em sonhos, meses antes de nos conhecermos, no início eram espontâneos. Mas, depois de vários desses sonhos maravilhosos, resolvi usar a auto-sugestão, começando a me programar antes de dormir sempre que queria encontrá-la em sonhos, o que ocorria quase sempre!

Há um detalhe surpreendente: o que a trouxe a mim no campo físico, além do fato de ela saber a cidade em que eu me encontrava, foi um anúncio que ela quis colocar no meu jornalzinho semanal *sobre sonhos*! Ela telefonou para colocar o anúncio na seção de Classificados, pois era uma artista especializada em *pintar os sonhos dos outros* mediante um pequeno pagamento.

No fundo, ela estava me enviando um sinal, alto e claro, de que era a "garota de meus sonhos". Acabara de chegar na cidade e veio diretamente a mim, por intermédio do jornal, no dia de sua chegada. Ao encontrá-la (poucas horas depois), reconheci imediatamente nela a "garota de meus sonhos" — minha esperada alma gêmea!

Mas, apesar de sua alma tê-la guiado, fazendo-a me telefonar para colocar o anúncio no jornal, seu ego ou personalidade consciente não me reconheceu imediatamente como alma gêmea. No entanto, ela me achou magneticamente atraente e veio me visitar várias vezes, confessando que era difícil ficar longe de mim.

Porém, ela só compreendeu que era eu a alma gêmea que há meses ela encontrava em sonhos (e que a tinha chamado, fazendo-a viajar milhares de quilômetros para chegar à minha cidade) quando eu lhe disse que, por meio da auto-sugestão, eu tinha encontrado e conversado conscientemente com meu irmão Rich num sonho, poucos dias depois de ele ter morrido de um ataque do coração.

Quando recebi a notícia de que meu irmão Rich tinha morrido, fiquei muito abalado. Ele era o meu irmão mais velho, o ideal da minha juventude. O que mais me perturbou foi o fato de eu nunca ter dito a Rich que ele fora para mim um ideal tão elevado e maravilhoso. Mas, como eu já tinha passado por uma experiência de quase-morte aos 18 anos, sabia que não havia por que temer a morte do corpo. Sabia que agora ele tinha liberdade espiritual, sem sofrer mais a restrição de estar confinado ao corpo.

No entanto, atormentava o meu ser o fato de ele ter morrido tão de repente, sem me dar chance de agradecer por tudo o que ele tinha sido para mim. Então tive uma idéia! Eu poderia usar uma forte técnica de auto-sugestão todas as noites, logo antes de dormir, para encontrar meu irmão Rich (agora em forma de espírito) num sonho lúcido, ou "conscientemente desperto". Como, por meio da auto-sugestão, já tinha conseguido encontrar em sonhos a minha alma gêmea, eu sabia que seria possível encontrar o meu irmão. Aliás, isso não só era possível como fácil, pois era muito grande o meu desejo de agradecer-lhe "pessoalmente", em espírito.

Neste caso também nada aconteceu na primeira noite. Nada aconteceu na segunda noite. Mas na terceira noite "acordei" num sonho lúcido — do qual me lembro vivamente até hoje.

A garota de meus sonhos e eu estávamos sentados no banco traseiro de uma grande limusine preta. O "casal" à nossa frente parecia estranhamente familiar. O carro se aproximou de um portão enorme, que logo se abriu. Mas o homem brecou quando ia entrando pelo portão, manobrou o carro e entrou de marcha à ré. Com essa manobra, a garota de meus sonhos e eu ficamos do lado de dentro do portão, enquanto a parte da frente da limusine continuou lá fora.

Abri a porta traseira da limusine e descemos. Vi uma luz

distante que vinha se aproximando e fiquei feliz, pois sabia que estava visitando o meu irmão Rich no "mundo dos sonhos". A luz chegou mais perto e se transformou na forma humana de meu irmão. Deixei minha alma gêmea perto do portão e corri para abraçar Rich. Foi um grande encontro. Conversamos muito e eu disse que ele tinha sido um irmão ideal e que eu o amava e admirava muito. Rich também me deu algumas dicas para eu melhorar minha forma física.

De repente, nós dois percebemos que o tempo tinha acabado e nos despedimos com um grande abraço e acenos jubilosos.

A garota dos meus sonhos tinha sentido a mesma urgência ou necessidade de sair imediatamente dali. Assim, entramos apressadamente na limusine.

Como se estivesse tudo combinado, a limusine, que continuava com o motor ligado, saiu lentamente pelo portão. Então, ela se transformou numa prancha de surfe gigante. O casal do banco da frente tinha desaparecido. Agora, eu e minha garota estávamos sozinhos. Saímos surfando lado a lado, num mar azul com ondas de espuma branca quebrando numa praia dourada. Eu abracei minha garota, sentindo por ela um amor arrebatador. Acordei exultante pelo triunfo de ter encontrado em sonhos o meu irmão. A morte nada podia contra nós!

Porém, o que tornou o sonho tão especial foi a oportunidade de partilhar conscientemente essa experiência única com a minha garota.

Contei esse sonho a ela durante um passeio numa quente noite de luar, na mesma praia dourada, com as ondas brancas quebrando na areia. Ela prendeu a respiração, percebendo de repente que era eu a alma gêmea que ela tantas vezes tinha encontrado em sonhos!

A auto-sugestão em sonhos funciona? O que você acha?

EU SEI que funciona! Uso muitas vezes a auto-sugestão na vida diária. Você também vai conseguir. Eis como:

TÉCNICA DA AUTO-SUGESTÃO DURANTE O SONO

(a) Defina em detalhe o que você quer conseguir por meio da técnica de sonho-sugestão. Se sugerir, por exemplo, um doce encontro com sua alma gêmea, confira ao sentimento e à imagem mental toda a intensidade que conseguir.

(b) Expresse a auto-sugestão com a frase mais direta e cheia de energia que conseguir formular. Repita essa frase para si mesmo, até implantar o programa no cérebro físico.

(c) Procure fazer a auto-sugestão no momento mais propício, que é normalmente aquele momento "crepuscular", logo antes de cair no sono.

(d) É também muito importante que você espere que a sua sugestão se realize! Crie uma forte expectativa e aumente a fé, acreditando que consegue fazer o que eu fiz e o que fizeram inúmeros seres humanos! Aquilo que um pode fazer o outro também pode!

Nunca desista daquilo que você sabe que vale a pena! Será que teríamos a luz elétrica se Edison tivesse desistido de inventar a lâmpada, logo à primeira tentativa fracassada? Mantenha a expectativa até que a sugestão seja aceita. Ela vai então bombear os neurônios de seu cérebro, que transformarão a sugestão numa realidade de sonho.

Aproveite! Passei a bola para você — agora faça o gol! Bons sonhos!

CAPÍTULO 29

Penetre na Mente Universal e Use-a

Como você já deve ter percebido, este livro tem a intenção de ajudá-lo a tomar consciência da infinita mente universal, para que você possa entrar em contato com ela. Um número cada vez maior de pessoas está começando a fazer isso. E você?

Qualquer instrutor ou professor que mereça essa denominação vai aconselhá-lo a voltar sua atenção do *universal* para o *específico*, ou do *geral* para o *particular*. A autora Thea Alexander, minha amiga de muitos anos, diria que o correto é ir do ponto de vista *macro* para o ponto de vista *micro*, uma analogia tirada de seu *best-seller* de ficção *2150 A.D.*, publicado pela Macro Society, em Tempe, Arizona.

Outra maneira de concentrar corretamente o pensamento é levá-lo do *todo* para a *parte*. Mas todos esses métodos contêm a mesma idéia: diante de qualquer coisa, adote sempre a perspectiva mais ampla possível!

O mais ilustre pensador moderno que conseguiu encontrar e manter o supremo ponto de vista cósmico foi Walter Russell, conhecido mundialmente como "o Leonardo da Vinci do Século XX"! Se você ainda não leu *The Man Who Tapped the Secrets of The Universe**, de Glenn Clark, sugiro que leia. Walter e sua alma gêmea, Lao, viveram seus últimos anos de vida, que foram muito produtivos, em um enorme palácio de mármore em uma montanha em Swannanoa, Waynesboro, Virgínia. A University of Science and Philosophy ainda funciona no palácio, desde que foi fundada por Walter Russell antes de sua morte.

Essas duas almas extraordinárias perceberam que eram almas gêmeas desde a primeira vez que se encontraram. Walter e Lao viveram um amor sagrado e profundo até o dia em que morreram. A contribuição que deixaram para a humanidade nas áreas da ciência, pensamento, arte e filosofia será lembrada através das eras.

Por meio da astronomia e da física, a ciência moderna vem procurando alcançar um ponto de vista mais amplo. No passado, a maioria dos cientistas tentava construir teorias e postulados a partir de uma parte do todo. Mas essa linha de pensamento acabou sofrendo uma ruptura e se invertendo, possibilitando, assim, novas descobertas na área pragmática e técnica do conhecimento. A partir daí, os modelos adotados na Terra vêm se modificando. A nova safra de cientistas já tem uma postura universal. Graças a Deus! Finalmente!

A MENTE

A mente estreita vê apenas coisas pequenas — esse é um fato cósmico dos mais simples. A mente ampla vê coisas

* *O homem que tocou os segredos do universo*, publicado pela Ed. Pensamento, São Paulo, 1991.

amplas! A mente restrita cria as próprias fronteiras, enquanto a mente universal voa livremente por extensões infinitas do tempo-espaço e pelas paisagens sem fim dos coloridos "espetáculos de luz" holográficos.

Sua mente, assim como a mente de todos os seres humanos, é ilimitada e universal! É contrário à natureza pensar que a mente é limitada a uma só mente humana ou a alguma mente nacional, internacional, interplanetária ou intergaláctica.

A mente está em todos os lugares ao mesmo tempo! Ela não tem limites. É incorreto dizer *sua* mente ou *minha* mente. A única diferença entre você e qualquer outra pessoa é a quantidade de mente universal usada num determinado momento num determinado lugar (espaço).

Sugiro que você use a mente para se ligar, o mais profundamente possível, ao infinito conhecimento universal. Ele espera pacientemente ser captado e utilizado por você — de acordo com a sua vontade.

OS IGUAIS SE ATRAEM!

A alma gêmea que você vai atrair estará de acordo com a sua visão da mente universal e com o uso que você faz dela. Segundo a lei universal, sua alma gêmea expandirá a própria perspectiva universal conforme a amplitude do conhecimento que você tem da realidade. As almas gêmeas são espelhos perfeitos uma da outra. Ela terá a mente aberta ou será conservadora. A escolha é sua. Isso cabe a você, pois ela é o seu igual.

CAPÍTULO 30

Escolha Entre o Destino e o Inevitável

A maioria das pessoas acha que o destino e o curso inevitável dos acontecimentos são a mesma coisa. ERRADO. Eu acredito que poucos pensam em assumir o controle da própria vida ou de moldar e ordenar o próprio destino. Assim, estão *fadados* a se defrontar com o "inevitável", pois abdicaram da escolha quando a oportunidade se apresentou.

Estamos "à mercê do inevitável" quando abdicamos de nossa escolha, em algum momento do passado. Por outro lado, estamos destinados, ou criamos o nosso próprio destino, quando decidimos que caminho tomar ou qual rumo de acontecimentos escolher.

A pessoa que cria o próprio destino nunca se coloca no papel de vítima. A vítima é alguém que sente ou alardeia que levou um golpe do "destino". É alguém que não percebe que, pela lei, o universo volta sempre a uma posição de equilíbrio.

O bem que você faz aos outros acaba voltando a você. O mal que você faz aos outros acaba voltando a você. O universo está constantemente se reorganizando em função dessa lei!

A lei do eterno equilíbrio universal é chamada de *karma*, no Oriente, e de causa e efeito, no Ocidente! Dessa perspectiva, o amor que você deu a alguém numa vida passada certamente voltará a você nesta vida, na forma doce e atraente de uma alma gêmea! Nesse caso, foi você quem criou o próprio destino.

Destino significa simplesmente a escolha consciente entre expressar amor ou ódio por alguém ou por alguma coisa. O ódio que você expressou no passado pode voltar para você nesta vida na forma amarga de um inimigo! Nos dois casos, você não é vítima de nenhuma situação inevitável, pois fez uma escolha.

Ficar "à mercê do inevitável" é deixar de escolher, num momento de decisão, se saímos ou não de alguma "corrente" da vida. Por exemplo: imagine que você está no meio de um rio impetuoso, sendo levado pela corrente para uma cachoeira de centenas de metros (e portanto para sua morte física). Nesse caso, como a cachoeira ainda está a mais de um quilômetro de distância, a escolha é óbvia: nadar rapidamente para a margem em busca de segurança ou se deixar levar para a morte. Se nadar para a margem, você assumirá o controle do seu destino, e evitará a morte. A escolha implica também seguir o seu espírito sem hesitação. A correnteza do rio ganha mais ímpeto à medida que a água se aproxima da cachoeira. A cada metro, a corrente o carrega para mais perto da cachoeira, deixando-lhe menos tempo para salvar sua vida e exigindo mais esforço para nadar até a margem. Se hesitar muito, você estará inevitavelmente fadado a morrer!

O inevitável e o destino são coisas bem diferentes! Se você não fizer nada ou esperar demais para agir numa situação em que a "corrente" está prestes a fazê-lo cair na "cachoeira" (aquela conjunção de acontecimentos no espaço-tempo), você estará inevitavelmente fadado a arcar com as conseqüências! Mas, se assumir conscientemente o controle do seu futuro, estará estabelecendo o curso do seu destino!

Deve-se levar em conta outro fato: a *intervenção divina,* conhecida como "obra de Deus". Só Deus, ou o Universo, pode vencer uma lei da natureza para alterar o curso dos acontecimentos.

Até um passado bem recente, por exemplo, o homem, limitado à observância estrita da Lei da gravidade, não podia voar. Mas, quando penetrou profundamente no eu para descobrir a *Lei da Aerodinâmica*, o homem deixou de estar inevitavelmente limitado pela gravidade. Agora ele estava destinado a voar com graça, velocidade e facilidade, usando os princípios da aerodinâmica.

Por que confiar no inevitável?

O importante é compreender que talvez você fique, inevitavelmente, sem uma alma gêmea, a menos que assuma agora o comando do seu futuro! Por que deixar que o inevitável governe a sua vida? Se usar as lições propostas neste livro, você certamente estará destinado a encontrar sua alma gêmea! Que assim seja!

CAPÍTULO 31

A Ação Leva à Ação

A ação leva à ação. Essa é uma lei universal que pode ser observada e constatada. O primeiro passo leva ao segundo passo, *ad infinitum.* As idéias soltas no ar não têm valor se não houver uma ação que as leve à materialização. O desejo de união com a alma gêmea exige ação sábia e concentrada.

Numa ampla pesquisa realizada no mundo dos negócios, ficou provado conclusivamente que os homens de negócio mais bem-sucedidos do mundo tomam decisões rápidas e agem em seguida! Além disso, não ficam mudando de idéia com relação a essas escolhas.

Quem fica em cima do muro, oscilando para um lado e para o outro, não tem o poder decisivo da convicção. Sem isso, fica faltando o impulso necessário para materializar a escolha, que, por sua vez, é fraca.

Sobre isso, existe uma constatação que merece ser enfatizada: "A capacidade criativa para materializar uma idéia não pode exceder a imagem clara que você tem dela." Mas se você se recolher à profundidade universal do seu ser, sua perspectiva virá do espírito, que tudo abrange e tudo sabe.

Ao seguir o espírito sem hesitações, a autoridade será você — e não a consciência social ou alguma outra autoridade. O poder é então recuperado, trazendo sempre uma grande sensação de força e de realização. Essa maravilhosa e dinâmica sensação de realização acaba também com o "abandono", problema que assola a maioria das entidades humanas.

Seguindo o espírito sem hesitar você estará realmente vivendo o momento! O espírito tudo abrange, contém todas as visões e, assim, vê a resposta específica ou a solução exata que você procura. A resposta vem num relâmpago, simplificando o raciocínio. Ao seguir o espírito, com persistência e sem hesitação, você passará a agir a partir do agora, em todos os momentos.

Quando você faz uma escolha imediata (e logo age de acordo com ela), seu ego não tem nem a oportunidade nem a necessidade de se defender de uma suposta ameaça que ela represente. Você não vai precisar enfrentar os velhos sentimentos de insegurança. Ao seguir o espírito sem hesitação, você começará a viver num universo *seguro*. Não serão necessárias as defesas do ego!

Seu "espírito" é aquela divina essência absoluta, aquela centelha de vida dinâmica no âmago do seu ser.

INFORMAÇÕES ADICIONAIS SOBRE A MENTE

Quanto mais arraigado for o hábito de trazer a centelha divina à superfície da realidade consciente, maior será o seu poder pessoal e a sua capacidade de agir oportunamente. A mente pode ser treinada para fazer isso por você. Como ela adora a emoção de novos projetos, dê-lhe a "tarefa" de aprender a tomar consciência, a cada momento, da vontade do seu espírito divino! A mente será um servo eficiente mas só se você pedir sua ajuda! Instrua-a a estar sempre atenta às mensagens que vêm do espírito — depois siga essas mensagens sem hesitação.

O fato de a mente e o corpo seguirem sem hesitação o espírito traz muitos benefícios. Você vai começar, por exemplo, a perseguir seus objetivos divinos em vez de trancá-los dentro de si mesmo. Como personalidade externa do seu espírito, você vai conhecer sua divindade sagrada e começar a expressá-la — como um estilo de vida. Você estará em harmonia com as principais entidades espirituais e com grupos espirituais que naturalmente apóiam sua missão divina na Terra.

A essa altura da evolução humana, o "céu" é visto como uma dimensão exterior à realidade terrena. Mas, quando um número suficiente de seres humanos começar a seguir sem hesitação o próprio espírito, surgirá um verdadeiro "céu" no nosso planeta azul, criado por essa incrível diversidade de expressões de vida.

Nosso planeta é considerado literalmente uma "jóia" no espaço, pela enorme "comunidade espiritual" envolvida na sua evolução. Você vai contribuir para a beleza da nossa Terra sagrada quando começar a seguir o espírito sem hesitação.

Você e a sua alma gêmea estão aqui para juntos criarem o céu na Terra, e não para seguir conceitos exteriores e ultrapassados. Vocês estão na Terra para fazer e ser o que quiserem!

No processo criativo universal abrem-se algumas "portas" ou "janelas" de oportunidade quando o espírito está atento a elas, e pronto para passar adiante essa informação; mas essa mensagem não será codificada se só tivermos olhos e ouvidos para as imposições dos outros. Nesse caso, a conjunção espaço-tempo — o momento oportuno — se vai e perdemos aquela preciosa oportunidade. Quando estamos em harmonia com o espírito, nossa vida melhora. Quando não estamos, ela começa a ficar tumultuada.

O velho mundo está morrendo e o novo mundo está emergindo lentamente na Terra. Você tem o direito soberano de escolher: ou desligar-se do espírito e morrer com o velho mundo, ou esforçar-se para se abrir e seguir o espírito sem hesitação!

REALIDADE E VERDADE

Há cinco ou seis bilhões de pessoas na Terra. Cada uma delas tem uma visão ligeiramente diferente da realidade, e algumas têm uma visão totalmente diferente da média. A *realidade* é uma perspectiva subjetiva! A sua realidade é exatamente aquilo que você percebe, pois é nela que você vive! Você também pode considerar a realidade do ponto de vista da verdade. O que é verdade? Verdade é vida! Cada um cria a sua própria verdade de acordo com a visão que tem da realidade. A verdade que não é vivida não tem uma realidade palpável.

Se a sua "verdade" (na qual você vive) não lhe agrada, você pode facilmente mudá-la! Você pode trocá-la, como a imagem numa tela de televisão. Quando a imagem muda, ela traz com ela uma nova realidade, uma nova perspectiva ou verdade.

Para uma compreensão mais universal desse princípio, é preciso adotar um ponto de vista contrário. Em vez de olhar "para fora", para um universo imenso, inverta a perspectiva. Passe a se identificar com o todo maior. Assim, você será o universo, que olha para essa partícula do todo conhecida como *você*.

Esse é um bom jogo para o *Eu Universal Total*. Ele pode espiar pela fechadura da sua pequena perspectiva humana para ver a si mesmo de outro ângulo. O universo também pode se virar do avesso e espiar pelos olhos de qualquer um dos outros seis bilhões de habitantes da Terra, ou de todos eles ao mesmo tempo, ou de um grupo, ou pode formar qualquer outra combinação, obtendo quadros espetaculares. Esse jogo tem muitas possibilidades, pois o universo pode espiar através de qualquer uma das bilhões de galáxias que existem nele, ou através dos bilhões e bilhões de sóis vivos ou, de uma perspectiva muito menor, através dos bilhões e bilhões de corpos planetários vivos.

O Universo ama cada partícula de criação que existe nele. Ele concedeu a vida a cada uma de suas partes, da menor partícula subatômica conhecida pelo homem à maior estrutura atômico-molecular (conhecida como galáxia na terminologia humana). Como você também é uma parte do universo, ele está sempre pronto a lhe dar o quanto você quiser daquilo que o deixe fascinado.

Depois que aprendi essas "regras", passei a gostar imensamente desse jogo! Quando me decido a ampliar o meu espírito para saber e compreender mais, o universo rapidamente se reorganiza, de maneira a expandir o meu universo. Assim, posso ver, sentir, conhecer e viver um pouco mais da verdade!

Pense nisso. Reflita sobre a idéia e aqueça nela a sua doce essência interior ou alma. Você é o universo inteiro — e o universo inteiro é você. *Você* é esse universo infinito, tão assustador e magnificamente belo numa noite estrelada. Você é o universo expressando-se como um pontinho. Mas ele se expressa também a partir de outras "contrações" do *Eu Universal*, grandes e pequenas, expressas como pontos grandes e pequenos dentro de você. Cada ponto é uma janela de pura luz, pela qual o Universo pode ver, ou espiar, e por onde a luz pode jorrar quando são necessárias modificações em qualquer ponto.

O TAMANHO

Não se deixe intimidar pelo tamanho. O tamanho *parece* ter importância na nossa realidade, comandada pelo princípio elétrico dual de atração-repulsão ou pela nossa visão restrita da vida ou da verdade. Além disso, o tamanho não é real. Mesmo nesse aspecto dual da realidade, as menores partículas do eu universal contêm as maiores bibliotecas de conhecimento e poder. Afinal, cada célula do corpo físico humano traz em si todo o conhecimento de todos os tempos. A identidade e forma aparentes que você tem, como uma pura entidade de luz, são um raio ou freqüência luminosa menor do que a ponta de uma agulha! A enorme massa corporal forma uma casca densa em volta do cerne minúsculo daquilo que você realmente é. Por outro lado, você dá a essa massa uma identidade pessoal e uma forma única. Existe uma analogia perfeita, que fará você compreender a relação entre a massa corporal e a entidade de luz minúscula e luminosa que você é. Imagine que a sua forma humana se expande de repente, até ficar do tamanho do universo que conhecemos. A proporção é mais ou menos a mesma, embora a diferença entre o tamanho da sua entidade de luz e o tamanho do corpo que a envolve seja comparativamente *maior* do que o nosso universo! Isso faz de você um *grande criador*, em todos os sentidos.

Agora que temos uma noção da física ou dos mecanismos do processo de reorganização do universo a cada nova imagem que fazemos da realidade, vamos voltar à fascinação e ao foco pessoal.

Reflita. Se a sua atenção estiver focalizada na Lei da Escassez ou pobreza, como se você estivesse fascinado por ela, o universo vai se reorganizar para reproduzir a sua imagem reduzida da realidade! Ele sempre vai lhe dar mais daquilo em que você se concentra, até mesmo *mais escassez,* por mais paradoxal que isso seja!

Existe, para isso, uma boa imagem mental: imagine-se na ponta afilada de um grande funil. O universo está na abertura maior desse funil, de onde vê o que é focalizado por você e o que o deixa fascinado. Imagine a energia passando pelo funil e descendo em forma de espiral. As grandes espirais do universo vão se comprimindo e ficam cada vez menores à medida que descem pelo funil, gerando a forma e a massa, que é a nossa realidade tridimensional. O universo é generoso e provê com abundância, sem julgar cada fragmento, parte ou ponto de SI MESMO.

Se estiver fascinado com a luz e com a abundância, o universo vai se reorganizar para reproduzir esse quadro da realidade! Por outro lado, se a sua atenção estiver focalizada na escuridão, em pensamentos sombrios, no sofrimento e na luta interminável, o universo também vai se reorganizar de forma a recriar essa imagem da realidade! Mas para que mais escuridão e sofrimento? Pare com isso!

Você gosta do atual quadro da realidade? Se não gosta, crie um novo quadro, que o universo se reorganizará para reproduzi-lo!

Ação leva à ação! Leva também a uma reação igual e oposta. Sua alma gêmea é oposta e igual a você! Ao chamá-la, você faz com que ela também o chame — aproximando-os ainda mais!

Sugiro que você comece imediatamente a agir!

CAPÍTULO 32

A Concentração Constante é Essencial

Quem resolveu mudar a própria vida (para melhor) deve persistir no caminho que escolheu. A concentração constante *é essencial* para atrair a alma gêmea e, com ela, mais romance e aventura. Absorva todo o conhecimento que lhe for transmitido e faça uso dele. Por ora, coloque em prática as técnicas apresentadas neste livro, para atrair sua alma gêmea. A escolha é sua!

Todos nós, "andróides" em forma humana, temos o hábito infeliz de nos apegarmos à rotina diária, adaptando-nos comodamente a ela. Para modificar as "órbitas" diárias — seguras, conhecidas e tediosas — são necessários atenção consciente, esforço e persistência. Mas as recompensas — realização e valorização de si mesmo — valem a pena!

Por isso, seja persistente! Mantenha a calma e tenha sempre claro o seu objetivo. Se perceber que está se desviando do caminho, mesmo que seja só um pouquinho, aumente a concentração e continue a avançar diretamente para ele. Imagine que você é um torpedo (cheio de amor explosivo). Caso a sua meta principal seja encontrar sua alma gêmea, mire o seu alvo, cujo amor é tão explosivo quanto o seu!

A analogia é perfeita, pois de fato precisamos agir como torpedos. Temos de ajustar constantemente o curso, e alterá-lo de vez em quando, para manter a concentração no alvo.

Você e eu agimos da mesma maneira. Tantas correntes opostas nos atingem todos os dias que é fácil sair do curso, afastar-se da meta ou do objetivo predeterminado. Isso significa que precisamos fazer ajustes contínuos nos padrões cotidianos de movimento, à medida que nos aproximamos do objetivo, esperando ansiosamente pelo doce "impacto" com o nosso alvo! A explosão vai valer a pena!

Sugerimos anteriormente uma outra técnica que pode ajudá-lo a manter o entusiasmo e a confiança no sucesso: ler e ouvir com atenção as histórias de sucesso de outras pessoas. Relato aqui uma história maravilhosa, da qual fui testemunha.

Numa das palestras que dei em uma conferência em Los Angeles, um homem, impressionado com o meu conhecimento sobre a lei universal, procurou-me para dizer que tinha um amigo médico que, usando os mesmos princípios universais, havia de fato realizado algumas materializações! Perguntou-me se eu gostaria de conhecer o dr. Moore e sua mulher. Seguindo meu espírito sem hesitar, deixei que meu amigo combinasse uma visita à casa do dr. Moore.

Assim, poucos dias depois, eu me vi na agradável presença do dr. Moore e de sua simpática esposa. Logo de início, houve uma ligação física e espiritual imediata entre nós três!

Depois de conversarmos um pouco, começamos a falar de nosso interesse comum pelas imutáveis leis da criação. O dr. Moore perguntou-me se eu notara o bonito prédio de apartamentos de dois andares ao lado de sua casa. E acrescentou, sorrindo, que ele e a mulher tinham levado o prédio a *existir, sem que isso tivesse custado a eles um único centavo!*

Ergui as sobrancelhas, curioso, sorrindo diante daquela idéia tentadora.

Com os olhos brilhando, o dr. Moore contou-me como conseguiram fazer essa "mágica". Tudo começou quando participaram de um seminário de Neville, um velho professor de metafísica muito respeitado, que há pouco tempo "se libertou", como meu irmão Rich, deixando para trás o mundo tridimensional.

Neville, como sempre, dera uma boa aula sobre "o misterioso", enfatizando o incrível poder da lei universal. Explicou que cada coisa conhecida (e desconhecida) do universo se origina de uma idéia. Ele disse também que as idéias criavam a realidade e que o dinheiro não é necessário para a realização de nossas metas! Garantiu que todos podem ter o que querem — *sem que isso lhes custe um único centavo* — desde que o princípio criativo que ele acabara de ensinar fosse usado com persistência, todos os dias.

O dr. Moore e sua mulher ficaram muito intrigados. Conversaram sobre o assunto e decidiram fazer um teste para descobrir se haviam jogado fora o dinheiro suado que lhes custara as palestras de Neville! Estabeleceram um plano. Afinal, a forte concentração e a visualização diária que usariam não lhes custaria um centavo, e era razoavelmente fácil pôr em prática a técnica de materialização.

O projeto foi considerado com a maior seriedade, e depois de escolhido o tema, investiram nele tempo e esforço. Com a aposentadoria do doutor, eles certamente precisariam de algum rendimento extra. Como já tinham aquele terreno vizinho à casa, decidiram partir dele para pôr em prática o princípio. Começaram a visualizar claramente um belo prédio de apartamentos no terreno — um prédio que *não lhes custaria um único centavo*!

Para aumentar a clareza dos pensamentos conjuntos, fizeram um desenho do prédio que imaginavam sobre o terreno, e assim registraram por escrito o objetivo comum.

Os dois decidiram dividir entre si os exercícios de visualização, multiplicando, assim, o poder pessoal investido neles. Ela via a si mesma escolhendo a decoração para o interior do prédio e para a fachada, arrumando os apartamentos, planejando o jardim e supervisionando a equipe de decoradores. Ele via a si mesmo supervisionando a construção, anunciando os apartamentos no jornal, cobrando aluguéis, depositando o dinheiro no banco.

Nesse ponto, o dr. Moore fez uma pausa para me observar e, satisfeito, percebeu que tinha toda a minha atenção. Contou que eles já visualizavam o projeto há umas três semanas, quando alguém bateu à porta. Era um homem sorridente e corpulento, que se apresentou como empreiteiro de obras. Disse que passava sempre por aquela rua, a caminho de uma obra nas vizinhanças, e que o terreno vazio chamara a sua atenção. Soube, pelos vizinhos, que eles eram os proprietários. Por isso, batera à porta para conversar, pois achava que o terreno era um ponto ideal para um belo prédio de apartamentos. *Click*.

O dr. Moore e a mulher trocaram um olhar, sabendo que alguma coisa começara a acontecer! O empreiteiro continuou a falar, dizendo que o dinheiro investido na obra seria recuperado rapidamente logo que os apartamentos fossem alugados. Disse que ele era um profissional conhecido no bairro e que teria prazer em lhes mostrar outros prédios que construíra.

O dr. Moore ouviu com atenção os argumentos do homem, mas por fim o interrompeu delicadamente para dizer que ele e a mulher estavam tão interessados que já tinham até mesmo visto o prédio construído no terreno. Mas que não gastariam um único centavo na obra!

O empreiteiro ficou um tanto desconcertado diante dessa declaração, feita com tanta firmeza. Mas depois de alguns instantes, reorganizou as idéias e continuou a argumentar com relação à alta rentabilidade do seu projeto. O dr. Moore disse que sua posição era definitiva. Educadamente, levou o homem até a porta.

Quando o empreiteiro saiu, o dr. Moore e a mulher se abraçaram, felizes diante da certeza de que havia alguma coisa positiva "no ar". Decidiram aumentar a freqüência dos exercícios de visualização e fazê-los com mais vontade ainda.

Uma semana depois, mais ou menos à mesma hora, ouviram novamente a batida na porta. O empreiteiro estava jubilante. Tinha um grande sorriso no rosto e uma aura de entusiasmo à sua volta.

"Estamos com sorte! Conversei com um cliente que trabalha com investimentos e ele está disposto a custear a obra se vocês entrarem com uma quantia quase simbólica, só para formalizar o interesse no negócio!

O dr. Moore olhou o homem diretamente nos olhos. "É uma ótima proposta, mas o senhor se esqueceu de que não estamos dispostos a gastar um único centavo nessa obra? Eu estava falando sério!"

O dr. Moore olhou para mim e riu. "Ele não conseguia acreditar que estávamos recusando uma oferta tão atraente. Mas, depois de se recuperar do choque, o empreiteiro continuou a falar mais um pouco e de repente parou. Parecia que uma luz tinha se acendido dentro dele."

"Tenho uma idéia", disse ele. "Já sei o que fazer! *Vocês não vão desembolsar um único centavo para construir esse prédio!* Eu tenho dinheiro guardado. Eu empresto para vocês a tal quantia que o meu cliente quer e assim vocês o constroem!"

"Ele nos explicou que a quantia referente ao aluguel de todos os apartamentos daria para pagar os dois empréstimos e que ainda sobraria dinheiro. Neville sabia o que estava falando!"

O dr. Moore fez um sinal afirmativo com a cabeça já coberta de cabelos brancos.

"Disse que finalmente falávamos a mesma língua e que agora dava para tocar o negócio!"

Ele parou e seus olhos brilharam.

"Mas, antes de fechar o negócio foi preciso superar um último obstáculo!"

"E o que foi?" Eu estava totalmente fascinado por essa maravilhosa história de sucesso.

"Passados alguns dias, ouvimos a mesma batida na porta. Abrimos, e percebemos que nosso amigo empreiteiro estava preocupado."

"Dr. Moore", disse ele. "Vou precisar de 500 dólares para pagar o projeto e as plantas. Sem elas não dá para fazer nada."

"Olhei para a minha mulher, mas eu já sabia que ela concordava comigo. Disse sem hesitar que estava falando sério quando disse que não gastaria nem um único centavo naquele projeto! Senão, preferia nem tocá-lo adiante!"

Rindo, o dr. Moore descreveu a surpresa no rosto do pobre homem.

"Ele ficou branco, depois vermelho — e ficou mudo por um tempão."

"Aliás, ninguém dizia nada", acrescentou a sra. Moore.

"Mas, de repente ele teve outra idéia", continuou o doutor, "e pediu para ver o esboço que fizéramos. Fui buscá-lo e ele ficou alguns segundos estudando o desenho. De repente, seu rosto se iluminou num sorriso."

"Não vai ter problema", disse ele. "Construí um prédio quase igual a esse há alguns anos. É só mudar alguns detalhes. Tenho certeza de que a planta vai ser aprovada!"

"Eu lhe disse para fazer as modificações que quisesse. Foi o que ele fez, e lá está o prédio! Como disse Neville, *ele não me custou um único centavo*!"

Eles ainda me contaram que fora muito fácil alugar os apartamentos e que, assim, a quantia investida foi logo recuperada. Melhor ainda: o total dos aluguéis dava para pagar os dois empréstimos e ainda sobrava dinheiro para os impostos e para a manutenção. Mas nessa ocasião os empréstimos já estavam quitados.

O dr. Moore disse que, levado pela curiosidade, entrara em contato com amigos que tinham participado com eles do seminário de Neville. Soube que todos eles tinham realizado os próprios sonhos impossíveis, aplicando os princípios ensinados por Neville.

Essa história de sucesso gerou outra, envolvendo uma mulher e seus quatro filhos, que participaram de palestras que realizei em Tampa, na Flórida.

A família estava sem dinheiro e sem recursos, e por isso morava em um carro. Quando soube disso, por meio de meu patrocinador, comprei uma cesta de mantimentos para eles e os convidei para assistir o seminário.

Resumindo: usando dos mesmos princípios universais, em apenas uma semana eles já tinham a própria casa, *também sem gastar um único centavo*! Agradecidos, eles me convidaram para jantar. Comemos uma boa macarronada, sentados no chão, pois a mobília ainda não tinha "aparecido"! Acho que fiquei tão emocionado quanto eles diante dessa fabulosa materialização!

Geralmente são as nossas experiências que nos ensinam as melhores lições. Quero contar uma última história de sucesso, para deixar bem claro um ponto: é preciso saber o que vem primeiro, o que é mais importante na lista de desejos. Essa história aconteceu comigo.

Durante muitos anos eu quis ser compositor, e estava disposto a "morrer por isso". Eu vivia sem dinheiro, sobrevivendo a duras penas. Morava num quartinho alugado, que conseguia pagar com poucos dólares que ganhava em trabalhos ocasionais numa empresa de mudanças.

Certa manhã, depois de passar vários dias sozinho no quarto, já meio desesperado, senti que precisava sair para dar uma volta. Para minha surpresa, vi Jerry, que vinha na minha direção. Nada acontece por acaso.

Jerry e eu nos conhecêramos há vários anos, numa casa abandonada em Hollywood. Apanhados de repente pela chuva e sem nenhum tostão no bolso, tínhamos os dois procurado abrigo naquela casa. Logo nos tornamos amigos. Descobrimos que nós dois tínhamos lido os mesmos livros: *O Poder do Pensamento Positivo*, de Norman Vincent Peale, e *Pense e Fique Rico*, de Napoleon Hill. Como estávamos sem dinheiro e com muita fome, passamos a noite conversando, falando de como "chegaríamos lá" (num futuro distante e obscuro, é claro). Mas, nesse momento Jerry parecia ter chegado lá! Estava usando um terno caro, sapatos caros e seu corte de cabelo era perfeito!

Jerry ficou muito contente ao me ver. Quando descobriu que eu ainda vivia mal, ele me perguntou se podia ir comigo até o meu quarto para conversarmos um pouco. Adorei a idéia, dizendo que se preparasse para sentar na cama, pois o quarto era pequeno demais para uma cadeira. Ele me acompanhou sem dizer nada.

Quando chegamos aos meus "aposentos", Jerry sentou-se e observou o quarto, visivelmente chocado! Disse que, sendo meu amigo, não podia deixar que eu jogasse fora a vida naquela terrível pobreza. Ele então me pediu lápis e papel — que eu tinha aos montes! Separou uma folha de papel e uma caneta e pediu que eu fizesse uma lista do que eu *mais* queria na vida.

Como era evidente que Jerry conseguira obter sucesso, obedeci com humildade. Eu sabia exatamente o que queria, não foi difícil fazer a lista. Depois de alguns minutos, Jerry pediu para vê-la. Eu lhe entreguei a folha de papel, apesar de a lista ainda não estar pronta.

"Michael", disse ele. "Está tudo errado!"

"Como, tudo errado?", reagiu logo meu ego defensivo.

Ignorando calmamente o meu ego, Jerry disse que na lista devia constar primeiro o que eu mais queria, e não todos os passos que laboriosamente deveria dar para "chegar lá!" Na lista, eu devia pôr coisas que queria muito, a ponto de sentir-lhes o gosto! Desse modo me aconselhou a fazer outra lista, com as prioridades em primeiro lugar!

De repente, senti que uma luz se acendia! Percebi por que eu não havia conseguido o sucesso financeiro que tanto queria. Muito inocente, eu havia acreditado na arcaica "ética do trabalho", segundo a qual o sucesso deve ser alcançado graças ao trabalho duro; que devemos ir do ponto A ao ponto B, do ponto B ao ponto C, e assim por diante, em vez de seguir diretamente ao ponto Z (o objetivo propriamente dito).

Depois de amassar a primeira lista e jogá-la no cesto, peguei outra folha de papel. Eu já sabia quais seriam os três primeiros itens da minha lista, pois já lhes "sentia o gosto". Sabia exatamente qual era o primeiro, qual o segundo e qual o terceiro. Continuei minha lista até chegar ao item número *sete*!

Jerry não pediu para ver a nova lista, pois compreendia o

valor do segredo. Jerry e eu nos despedimos e eu não o vejo desde então. Se por acaso você ler este livro, Jerry, meu querido amigo, aceite o meu muito obrigado e, por favor, entre em contato comigo por meio da editora.

O resto da história todos conhecem! As três primeiras "metas" que coloquei na lista estavam interligadas. *Todas elas se materializaram em menos de seis meses!*

Eis a minha lista: (1) Uma casa própria em seis meses; (2) Um Cadillac em seis meses; (3) Uma carreira ou um emprego que me permitisse pagar a casa e o Cadillac, com alguma reserva para poder fazer o que me agradasse, dentro de limites razoáveis.

Tenho de acrescentar que os ítens de quatro a sete não tinham a intensidade e a força necessárias para tornar-se reais.

Meus agradecimentos a Jerry, a Neville, a Rich e a todos os que me serviram de modelo; e aos meus professores. Desde então a minha vida tem sido repleta de aventuras, de realizações e de fartura inesgotável!

Espero que essas histórias de sucesso o inspirem e motivem a atrair sua alma gêmea! Mantenha-se no caminho! Faça com que o seu sonho se realize!

Uma advertência: não tente materializar simultaneamente dois sonhos muito grandiosos! Isso só dá certo se eles estiverem interligados, como os meus.

Escolha o sonho mais vívido que tiver com relação à sua alma gêmea e concentre-se exclusivamente nele, até que se torne realidade. Só então passe para o sonho seguinte. A essa altura, "sua visão de mundo" será totalmente diferente do que era antes do primeiro desejo. Ao reorganizar o universo, você reorganiza a si mesmo! É isso que chamamos de desenvolvimento ou evolução!

É desnecessário dizer que nenhuma das histórias de sucesso que relatei aqui teriam ocorrido se não fosse a concentração e a persistência dos criadores ou "sonhadores" criativos de que lhes falei. A concentração é essencial para se alcançar o sucesso.

O ato de concentrar o pensamento em determinada coisa cria um rastro de luz, vibrando em sua freqüência única, que segue o pensamento até atingir o objetivo. O pensamento é instantâneo! Ele não tem limitações de espaço nem de tempo! A luz segue as leis do universo elétrico, tendo uma velocidade conhecida e medida cientificamente.

A velocidade da luz é muito grande, mais de 300.000 km por segundo, mas a velocidade do pensamento é muito maior. Basta você pensar na Lua que sua mente chega lá no mesmo instante. É claro que um fio do seu eu (como entidade de luz) segue o seu pensamento. Esse raio de luz age como uma estrada, um caminho pelo qual a energia pode se mover em qualquer direção, da Lua até você e vice-versa. É por isso que os pensamentos e os sentimentos mais intensos criam um caminho iluminado e uma comunicação mental entre sua alma gêmea e você.

A concentração é essencial. Assim, ao se concentrar na imagem de sua alma gêmea, faça um quadro o mais detalhado possível. Ao lhe dar mais substância ou massa, você também confere a ele magnetismo.

Quando você mexe no controle do rádio e da televisão para pôr no canal ou na freqüência desejada, você não aciona o botão como o programa Roda da Fortuna! Você se concentra no movimento de acionar o botão, até que consiga pegar a estação desejada. Nesse caso, a "estação" que você "sintoniza" vem na forma agradável da sua tão almejada alma gêmea.

Sugiro que você envie à sua alma gêmea uma mensagem diária. Em primeiro lugar, concentre-se nela, acalme a mente, relaxe o corpo e vá se voltando para o seu eu interior, até chegar àquele espaço cheio de paz que existe em você. Então, aos poucos introduza nesse espaço a "aura" sensual e a imagem provocante de sua alma gêmea. Retenha essa imagem por alguns segundos.

Durante essa "transmissão" diária, forneça à sua alma gêmea a sua localização exata, a cidade, o Estado e o país em que mora. Peça mentalmente, com fervor, que ela se junte a você "fisicamente" em um estimulante relacionamento de almas gêmeas! Essa transmissão não leva mais de cinco minutos. Repita-a quantas vezes quiser. Depois, dê continuidade aos seus afazeres normais.

Minha alma gêmea ouviu o meu "chamado", sentiu uma forte atração e veio da Europa para me encontrar nos Estados Unidos. Você também conseguirá fazer isso!

Para reforçar ainda mais o seu desejo, veja-se na companhia de sua alma gêmea indo ao cinema, jantando, partilhando qualquer lugar ou acontecimento que você considera especial — a ponto de querer estar com "alguém também especial". Sinta e abrace mentalmente a sua maravilhosa alma gêmea, partilhando o êxtase do corpo dela junto ao seu.

A arte de se concentrar vai ajudá-lo em todos os caminhos da vida. Por isso, apresento aqui um exercício de concentração muito fácil, que qualquer um pode fazer! Você pode fazê-lo sozinho ou na companhia de outras pessoas também interessadas.

Acenda uma vela, feche a cortina ou apague a luz e sente-se numa cadeira confortável, com as costas retas. Concentre-se na chama da vela e mantenha esse foco o máximo de tempo possível. Não deixe que nenhum barulho ou movimento perturbe a sua concentração.

O exercício terá melhor resultado se você colocar a vela sobre algum móvel, para que a chama fique na altura dos olhos. Já trabalhei com mais de mil pessoas que conseguiram se concentrar na luz de uma vela *por uma hora*! Com a prática, até mesmo a necessidade de piscar os olhos pode ser controlada. Não é necessário praticar o poder de se concentrar por uma hora — a menos que queira. Cinco a dez minutos de concentração intensa e ininterrupta, duas a três vezes por semana, durante várias semanas, vão lhe dar uma grande capacidade de concentração.

Se a vontade de encontrar sua alma gêmea é realmente forte, siga todas as técnicas aqui apresentadas, compreendendo ou não! É preciso usar o conhecimento para que ele funcione!

Ponha a chave no contato, ligue o motor, engate a marcha, pise no acelerador e vá ao encontro do seu destino! (Você não precisa saber o que são válvulas, pistões ou o que liga o motor ao sistema de transmissão do carro para que as rodas girem e o carro se ponha em movimento.) Use tudo o que este livro oferece. Essa é a "chave" para atrair a sua alma gêmea — *a natureza fará o resto*! Não é trabalho — é divertimento! Aproveite a experiência.

Sua alma gêmea está chamando! Você sabe como responder a esse chamado. Vá em frente!

CAPÍTULO 33

O Verdadeiro Casamento Entre Almas Gêmeas

A cultura humana da Terra perpetua há eras o mito e a lei intolerante, criada pelo homem, segundo a qual os vínculos matrimoniais não podem ser rompidos, com exceção de poucos casos previstos na legislação da Igreja e do Estado. Essa maneira acanhada de pensar tem gerado, vida após vida, casamentos infelizes.

Muitos desses "prisioneiros do casamento" nutrem desprezo e ódio pelos seus "cônjuges", e não respeito e amor. Assim, as duas pessoas acabam se sentindo presas numa vida desagradável, infeliz e sem amor. Várias razões levam a esse triste dilema humano!

A lembrança de antigos "casamentos" agonizantes ainda está nos nossos genes e em nosso DNA. Através dos neurônios, esses antigos "gatilhos químicos" disparam lembranças e amargos sentimentos passados, trazendo-os para os relacionamentos conjugais do presente.

Mas basta pensar em terminar um casamento para que a sociedade nos encha de culpa. O divórcio sempre foi um "tabu", ou pelo menos um comportamento anti-social. A Igreja e o Estado impõem regras rígidas à sociedade, com relação aos contratos de casamento, de separação e de divórcio. Mas nada disso tem relação com o *verdadeiro casamento*!

Muitos casamentos "no papel" fracassam por causa da falsa imagem e das experiências pouco realistas que os noivos projetam um no outro. É quase impossível ficar à altura da imagem exigida pelo cônjuge. Assim, como essa imagem raramente é real e muitas vezes nem chega a se materializar, surgem a raiva e o ressentimento.

E como poderia essa imagem ser real? Ela só pertence a quem a projeta. Como a maioria dessas imagens e expectativas é falsa, o casamento está fadado a fracassar. O *glamour* é irreal. A cerimônia de casamento, realizada numa atmosfera sagrada, apresenta um rei e uma rainha vestidos em trajes reais. Isso tudo é muito romântico, mas o romance e a fantasia só duram até o dia em que se descobre que as expectativas e as imagens que nós acalentamos e a sociedade reforça talvez nunca se materializem!

Então, em vez dos caminhos se separarem, cria-se rapidamente um sem-número de problemas financeiros e pessoais que "impedem" a separação, apesar de os cônjuges estarem ansiosos para se libertar dos votos do casamento lavrados "no papel". Os empecilhos mais comuns que "obrigam" os cônjuges a manter o casamento são filhos, doenças, acidentes, um problema sucedendo-se ao outro. Isso resulta num casamento difícil e tedioso — mantido por razões artificiais, e não pelo amor verdadeiro!

Em algum momento, um dos parceiros se torna insensível. O "casamento" está, então, totalmente sem vida, assim como as duas pessoas envolvidas, tristemente aprisionadas nessa aliança tão pouco sagrada.

Felizmente, os tempos estão mudando e muitas almas pioneiras dizem "não" a casamentos ruins. Elas se separam ou se divorciam em vez de continuar fingindo e perdendo tempo na vida, sem realização sexual nem espiritual. A sociedade precisa deixar esses caminhos estabelecidos e sem vida. Fuja deles! Tudo o que você fizer, seja o que for e com quem for, deve ser feito com alegria e paixão!

O CASAMENTO VERDADEIRO

O casamento verdadeiro não tem nenhuma relação com contratos, papéis e rituais, e tampouco com a aprovação da sociedade, da Igreja ou do Estado. Um casamento verdadeiro começa de forma natural e existe como *vibração*! O verdadeiro vínculo conjugal existe na natureza, quando os parceiros sexuais pulsam juntos na mesma freqüência ou comprimento de ondas. Só essa união mutuamente consentida e sincronizada constitui um verdadeiro casamento entre almas gêmeas! O casamento é uma união física e espiritual sagrada, não uma prisão a ser partilhada com um companheiro de cela!

A maioria das pessoas que tem pressa para se casar vive de acordo com a *Lei da Escassez*, propagada pelos "valores materiais" da sociedade. Como costuma-se confundir amor com sexo, jovens e adultos imaginam que só é possível expressar o amor por meio da união sexual com outra pessoa.

No entanto, homens não podem sentir amor por outros homens e mulheres não podem sentir amor por outras mulheres, pois só é permitido amar o sexo oposto. Desse modo, vivendo numa atmosfera de ignorância sexual, de repressão e de tensão, a pessoa ávida pela realização biológica e espiritual entra, cheia de expectativas, num casamento "legal", em que se sente abençoada pela sociedade por fazer o que é certo e bom!

Essa pessoa nunca aprendeu a arte de valorizar e aceitar a si mesma. É como uma criancinha que nunca tem permissão para comer doces e que, de repente, se vê solta numa confeitaria — ela implora por tudo o que vê. Mas, se tivesse sido criada na confeitaria, a criança não faria tanta questão de doces. Da mesma maneira, se a sociedade ensinasse a diferença entre amor, sexo e auto-afirmação, o sexo não seria tão importante. Seria visto como um "remédio" biológico que deve ser tomado nas doses certas. Como todos são diferentes entre si, cada um deve aprender e decidir o que é melhor para si mesmo. O que é uma *overdose* para um, talvez para o outro não dê nem para o começo. Quem é o juiz? Cada ser humano é o seu próprio juiz! Ninguém deve se submeter ao julgamento alheio, seja ele certo ou não!

As crianças que aprendem o valor do caráter e da capacidade de partilhar tornam-se adultos capazes de permitir aos outros a livre escolha.

Quando se casam, essas pessoas costumam mostrar seu verdadeiro "eu" ao parceiro. Elas são espelhos de divindade uma para a outra, acelerando assim o desenvolvimento espiritual. Nesse caso, o casamento é verdadeiro, abençoado e certamente duradouro.

Ao contrário da opinião da sociedade, nenhum casamento humano é destinado a durar para sempre! Nem mesmo uma união entre almas gêmeas é necessariamente para sempre! Um verdadeiro casamento, ou uma união entre almas gêmeas, dura enquanto as duas pessoas tiverem a mesma vibração energética e seguirem na mesma direção.

Parceiros verdadeiros, ou almas gêmeas, devem se esforçar constantemente para que o relacionamento continue sempre vivo. Só então esse casamento sagrado será um prazer, e não uma obrigação! Os parceiros precisam se abrir, precisam estar dispostos a partilhar intimamente, a se desnudar espiritualmente, a ficar vulneráveis com relação ao outro. Um verdadeiro casamento é como uma roseira forte e saudável, que está sempre crescendo e florescendo e oferecendo a todos rosas bonitas e perfumadas. Cultivar botões e flores durante todos os anos de um casamento verdadeiro requer cuidado — mas não é algo impossível. Conservado como um tesouro, esse casamento será feliz e duradouro.

Estar verdadeiramente casado significa partilhar, dar e amar. Longe de ser condicional, esse amor dá ao outro liberdade de ir e vir, sem que seja ameaçado por isso.

Se a vibração energética de um dos parceiros aumentar ou diminuir a ponto de se tornar incompatível com a do outro, o casamento vai terminar naturalmente! Nada mais há para sustentar a proximidade harmoniosa e a união natural. *Assim como é em cima é embaixo*! Perdido o sincronismo, o casal vai, no tempo certo, separar fisicamente seus caminhos!

Nem a Igreja, nem o Estado, nem a opinião pública, nem qualquer lei feita pelo homem modificará as bases reais de um verdadeiro casamento. A natureza sempre vence, mesmo que a Igreja e o Estado tentem perpetuar o "casamento legal" como lei rígida e autoritária.

O verdadeiro casamento tem como base o amor verdadeiro. Como vem do coração, não é determinado pelo sexo nem pelo corpo. O verdadeiro amor não é imposto, mas partilhado. O verdadeiro casamento também não é baseado na necessidade desesperada de auto-afirmação, pois é algo que não encontramos nas outras pessoas. A auto-afirmação se dá em cada um de nós, por meio da realização pessoal e da valorização de si mesmo! Se você precisar que outra pessoa lhe prove que você merece ser amado, a imagem que você tem de si mesmo sairá perdendo! Num casamento verdadeiro, em vez de buscar a auto-afirmação, os dois parceiros exercem simplesmente o livre-arbítrio, a preferência de um pelo outro. Essa união sagrada é baseada no amor incondicional, e não no sexo. Nos casamentos verdadeiros sempre existe alegria. Duas entidades humanas que tudo partilham com carinho e alegria conseguem qualquer coisa! A alegria dispersa os sentimentos negativos. A alegria derruba qualquer barreira.

NADA É PARA SEMPRE

Nada é para sempre, nem mesmo um casamento verdadeiro! Ele pode durar uma vida inteira ou terminar depois de um ano ou até mesmo depois de um momento! Mas um só "momento" de um casamento abençoado e verdadeiro eleva o corpo e o espírito mil vezes mais do que toda uma vida de "união" legal, falsa e tediosa.

Num verdadeiro casamento, o sexo tem por função acelerar o desenvolvimento espiritual dos parceiros. O sexo é sempre um ato biológico, a menos que você "adore" o corpo e a alma do seu parceiro sexual. Essa adoração não quer dizer que você irá colocá-lo num pedestal! Significa que você vê o deus majestoso que existe no corpo de seu parceiro. Você toca, honra e respeita esse corpo, mantendo-o sagrado. Desnudado, você partilha intimamente sua vulnerabilidade. Você toca e abraça a grande divindade daquilo que sua alma gêmea realmente é, emocionando-se diante dela! Isso é a verdadeira paixão. É também uma troca de polaridade sexual incrivelmente estimulante e gratificante, de corpo e alma. Eu aconselho: experimente, porque você vai gostar!

Conformar-se com menos do que um casamento celestial e verdadeiro entre almas gêmeas significa aceitar os ditames da equivocada consciência social ou da química do seu corpo.

O esperado casamento verdadeiro com uma alma gêmea não só é possível, mas provável — se você souber disso.

A "idéia de alma gêmea" paira no ar, e só isso já aumenta a probabilidade de uma união verdadeira. Quando você compreender conscientemente que tudo é possível, aquilo que você quer provavelmente acontecerá na sua vida. Nesse momento, muitas outras almas gêmeas estão se unindo e se fundindo numa só. Se você quer profundamente um verdadeiro casamento divino, sua alma gêmea certamente está a caminho!

Vocês dois podem tornar-se um!

DOIS COMO UM

Todas as formas de vida tendem a aproximar-se da luz. Isso acontece até nas regiões mais profundas do oceano ou no interior das cavernas mais escuras.

Imagine cem pessoas num espaço absolutamente escuro. De repente, uma luz fraca se acende a distância. O que farão essas pessoas? Com certeza, todas se voltarão automaticamente para a luz e começarão a se aproximar dela lentamente. Aproximar-se da luz é uma reação inata e natural, estimulada pelo próprio eu, seja ela no nível consciente ou inconsciente.

Esse movimento de tudo e de todos em direção à luz é universal. Como já se disse, isso acontece porque todos nascemos da mesma Fonte de Luz! A essa FONTE ÚNICA DE LUZ de tudo o que existe pode-se dar o nome de Deus, de Fonte, de Alá — ou qualquer outro nome ou rótulo que escolhermos. Como já foi revelado, lá no fundo do seu coração, todo ser vivo se lembra de que se separou dolorosamente da Fonte Única de Luz!

O desejo de fundir-se novamente ao espectro total de luz pode ser satisfeito por meio de um movimento simples. Para voltar à totalidade, ou à Fonte, basta que cada um se livre da sensação e da idéia de ser uma identidade "separada" ou uma partícula fragmentada de luz.

O problema a ser superado é óbvio. Estamos cobertos por inúmeros véus escuros. Durante a longa jornada por muitas encarnações como unidades separadas e individualizadas, acumulamos várias camadas de imagens ou de falsas identidades à nossa volta. Para sair desse labirinto, é preciso abandonar uma a uma todas essa falsas identidades limitantes e escuras.

Felizmente, as almas gêmeas que se unem (que unem dois corpos físicos e dois caminhos de vida em um só) podem fundir-se *numa só luz*! Essas duas luzes, aparentemente separadas e perdidas, podem então se fundir numa luz maior! Elas não apenas somam a luz, mas quadruplicam-na!

O grande obstáculo a essa incrível ampliação do poder e da própria identidade de luz individual é a forte relutância do ego (dentro de todos nós) quanto a renunciar às máscaras e às falsas imagens que tem de si mesmo. Esse impulso inato na direção da verdadeira identidade clama no interior de cada "um" de nós, mas a transmutação só é possível quando *todas* as falsas imagens que temos de nós mesmos forem completamente liberadas! Enquanto houver uma só imagem falsa, ou a sombra de uma falsa identidade do eu, é impossível conquistar a verdadeira identidade!

A própria afirmação "eu sou" cria uma camada ou uma imagem de falsa identidade que impede o retorno à Fonte Pura, ao "Eu"!

É possível para um ser humano livrar-se totalmente das identidades falsas? É claro que sim! Quando duas almas gêmeas estão determinadas a se livrar totalmente das imagens falsas, ocorre uma fusão do comprimento (semelhante) de suas ondas numa única luz maior sobre a Terra!

Dificilmente isso pode ser considerado uma "perda", pois uma recebe da outra a energia, a identidade e o corpo.

Essa grande fusão de almas gêmeas (de dois seres de luz num só) era muito rara no passado recente da nossa civilização; mas, com a Idade de Ouro e com a iminente transformação da Terra em estrela, ela está se tornando cada vez mais viável! Fique atento à publicação do meu próximo livro, no qual explico com detalhes esse acontecimento incrível: *O Nascimento da Terra como Estrela*!

Atualmente, paira sobre a Terra um esperado e bem-vindo "espectro de luz", que cresce rapidamente. Um número cada vez maior de almas gêmeas realiza sua fusão espiritual e física. A cada dia, mais pessoas iluminadas aprendem a se livrar das inúmeras imagens que têm de si mesmas, imagens nocivas e indesejáveis. Para isso, basta enfrentar, compreender e apagar as imagens indesejáveis que elas têm de si mesmas.

A prática diária e constante de viver em segurança no *agora*, de desnudar conscientemente o eu, livrando-o de imagens, vai ajudá-lo a conquistar a própria liberação, indispensável para se chegar a um verdadeiro casamento de almas gêmeas. Você precisa reconquistar sua identidade e considerá-la como *Fonte Total*.

Nenhuma outra imagem pode ficar no caminho da sua identidade verdadeira e ilimitada! Você pode fazer isso!

Quando compreendemos tudo isso, conseguimos realizar essa façanha! Vocês dois, que agora são almas gêmeas separadas, mas iluminadas, podem fundir-se numa luz maior, unificada e indivisa!

A escolha é sua. Sua alma gêmea está chamando. Ela procura por você, espera por você — ela quer você. Minha sugestão é: Siga em frente!

Antes de chegarmos ao fim desta longa jornada, que partilhamos em consciência, eu quero muito que você encontre o amor que tanto deseja, o mesmo que a sua alma gêmea deseja! Se você quer viver um casamento verdadeiro com a sua alma gêmea, fique certo de que ela também quer viver um casamento assim com você. Afinal, nosso universo busca, naturalmente, o constante equilíbrio.

Você já tem nas mãos, e na mente, o conhecimento necessário. Minha "tarefa" está terminada e a sua já começou!

Cuidado e divirta-se! Deus abençoe você e a sua alma gêmea!

Vamos nos encontrar outra vez.

APÊNDICE

Minha intenção é encorajá-lo a buscar, a alcançar e a obter o conhecimento que vem de inúmeras fontes importantes. Assim, é com prazer que passo a você uma lista de fontes "clássicas" de conhecimento, provenientes de escolas de pensamento antigas e modernas.

Quero dizer a meus leitores que, a despeito das inúmeras escolas modernas de pensamento e dos velhos clássicos que estudei e absorvi, nada mudou tanto a minha vida nem me deu mais esperança na Idade de Ouro da humanidade do que quarenta ou mais livros que li, em inglês, sobre a vida do nosso atual AVATAR, Shri Sathya Sai Baba, da Índia. Quando estive na Áustria, encontrei mais de cinqüenta livros em alemão que continham o antigo conhecimento, que depois foi trazido novamente à luz por Sai Baba. Recomendo a meus leitores de qualquer língua que leiam todos os livros que puderem sobre esse extraordinário avatar.

Continuem a refletir e a absorver o conhecimento. Se sentirem necessidade de se comunicar comigo (só leio cartas em inglês), escrevam para: Russ Michael, P. O. Box 654, Virginia Beach, VA 23451, USA.

Se preferirem, mandem suas cartas aos cuidados de:
The New Dawn Publishing Co.,
608 Huntington Street,
Watertown, NY. 13601.

BIBLIOGRAFIA

Outras Fontes Interessantes do Grande Conhecimento.

The Phillip Material, Homewords Publishing, P. O. Box 57396, Salt Lake City, Utah 84157; (801) 265-9272, *Joyriding the Universe*, livro, boletim informativo e centenas de fitas de áudio extremamente instrutivas.

The Seth Material, de Jane Roberts — vários editores.

Light Speed (boletim informativo gratuito), Earth Mission Publishing, P. O. Box 959 nº 0432 Kihei, HI 96753; (808) 874-5653. Muitas fitas de áudio, videoteipes, livros e seminários.

Obras de Alice A. Bailey, Lucis Trust, Nova York, Londres.

A Treatise on Cosmic Fire, Alice A. Bailey, Lucis Trust, Nova York, Londres.

The Secret Doctrine, de Madame Blavatsky. [*A Doutrina Secreta*, publicado pela Editora Pensamento, São Paulo, 1980.]

Isis Unveiled, de Madame Blavatsky. [*Ísis sem Véu*, publicado pela Editora Pensamento, São Paulo, 1990.]

Ramtha, Ramtha, Sovereignty. Inc., Box 926, Eastsound. WA 98245.

The Starseed Transmissions, de Ken Carey, Uni*Sun, P. O. Box 25421, Kansas City, MO 64119. [*Transmissões da Estrela-Semente*, publicado pela Editora Cultrix, São Paulo, 1988.]

Vision, de Ken Carey, Uni*Sun, P.O. Box 25421, Kansas City, Mo 64119. [*Visão*, publicado pela Editora Cultrix, São Paulo, 1988.]

Universal Truths, Wayne and Wanda Cook, P. O. Box 2449, Prescott, AZ 86302; (602) 778-5039.

The Secret of Light, de Walter Russell, W. R. Foundation, Swannanoah, Waynesboro, Virginia.

Far Journeys, de Robert Monroe, Doubleday.

2150 A.D. Thea Alexander, Macro Society, P. O. Box 26582, Tempe, AZ 85282; (602) 991-2229.

Autobiography of a Yogi, Yogananda, Self-Realization Fellowship, 3880 San Rafael Avenue. Los Angeles, CA 90065.

Obras de EDGAR CAYCE, por vários autores e editores, e também pela Association for Research and Enlightenment, Virginia Beach, VA 23451.

Finding Your Soulmate, de Michael, Samuel Weiser, Box 612, York Beach. Maine 03910. [*Como Encontrar sua Alma Gêmea*, publicado pela Editora Pensamento, São Paulo, 1995.]

Soulmate Book for Gays and Lesbians, Box 612, York Beach, Maine 03910.

Sai Baba, The Holy Man... And The Psychiatrist, Samuel H. Sandweiss, M.D., Birthday Publishing, P. O. Box 7722, San Diego, CA 92107.